Quick Guide

Quick Guides liefern schnell erschließbares, kompaktes und umsetzungsorientiertes Wissen. Leser erhalten mit den Quick Guides verlässliche Fachinformationen, um mitreden, fundiert entscheiden und direkt handeln zu können.

Weitere Bände in dieser Reihe: http://www.springer.com/series/15709

Sebastian Pioch

Quick Guide Wissensbasiert entscheiden

Wie Sie strukturierte Entscheidungen treffen können

2. Auflage

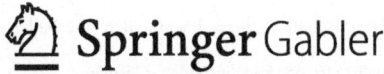

Sebastian Pioch
Fachbereich Wirtschaft & Medien
Hochschule Fresenius
Hamburg, Deutschland

ISSN 2662-9240   ISSN 2662-9259 (electronic)
Quick Guide
ISBN 978-3-658-32931-0   ISBN 978-3-658-32932-7 (eBook)
https://doi.org/10.1007/978-3-658-32932-7

Die Deutsche Nationalbibliothek verzeichnet diese Publikation in der Deutschen Nationalbibliografie; detaillierte bibliografische Daten sind im Internet über http://dnb.d-nb.de abrufbar.

Springer Gabler
© Springer Fachmedien Wiesbaden GmbH, ein Teil von Springer Nature 2019, 2021
Das Werk einschließlich aller seiner Teile ist urheberrechtlich geschützt. Jede Verwertung, die nicht ausdrücklich vom Urheberrechtsgesetz zugelassen ist, bedarf der vorherigen Zustimmung des Verlags. Das gilt insbesondere für Vervielfältigungen, Bearbeitungen, Übersetzungen, Mikroverfilmungen und die Einspeicherung und Verarbeitung in elektronischen Systemen.
Die Wiedergabe von allgemein beschreibenden Bezeichnungen, Marken, Unternehmensnamen etc. in diesem Werk bedeutet nicht, dass diese frei durch jedermann benutzt werden dürfen. Die Berechtigung zur Benutzung unterliegt, auch ohne gesonderten Hinweis hierzu, den Regeln des Markenrechts. Die Rechte des jeweiligen Zeicheninhabers sind zu beachten.
Der Verlag, die Autoren und die Herausgeber gehen davon aus, dass die Angaben und Informationen in diesem Werk zum Zeitpunkt der Veröffentlichung vollständig und korrekt sind. Weder der Verlag, noch die Autoren oder die Herausgeber übernehmen, ausdrücklich oder implizit, Gewähr für den Inhalt des Werkes, etwaige Fehler oder Äußerungen. Der Verlag bleibt im Hinblick auf geografische Zuordnungen und Gebietsbezeichnungen in veröffentlichten Karten und Institutionsadressen neutral.

Springer Gabler ist ein Imprint der eingetragenen Gesellschaft Springer Fachmedien Wiesbaden GmbH und ist ein Teil von Springer Nature.
Die Anschrift der Gesellschaft ist: Abraham-Lincoln-Str. 46, 65189 Wiesbaden, Germany

Vorwort

Sucht man bei Google nach dem Wort „Entscheidungsunterstützungssystem" erhält man ca. 24.000 Treffer. Googelt man das englische Äquivalent „decision support system" sind es sogar 506.000.000 Einträge. Entscheidungsunterstützungssysteme sind Computerprogramme, die Personen, wie der Name es vermuten lässt, dabei unterstützen, Entscheidungen zu treffen. Aus der Vielzahl von Treffern könnte man die These ableiten, dass es Menschen nicht immer ganz einfach fällt, gute Entscheidungen zu treffen. Ja mehr noch, einige wären wahrscheinlich froh, wenn sie überhaupt eine Entscheidung treffen könnten. Sie leiden unter so genannten *Entscheidungsdepressionen*.

Gern möchte ich mit dem vorliegenden Buch versuchen, dem einen oder anderen von Ihnen dabei zu helfen, eben solche Entscheidungsdepressionen aufzulösen und dafür zu sorgen, dass die etwaig damit zusammenhängenden schlaflosen Nächte der Vergangenheit angehören. Gute Entscheidungen zu treffen ist nämlich kein Hexenwerk, das kann jeder lernen. Was es dazu braucht ist Zielklarheit, erprobte Prozesse, etwas Informationskompetenz und die Fähigkeit, auf seinen Bauch zu hören. Wie das geht besprechen wir in diesem Buch, ich wünsche Ihnen viel Freude dabei!

In den vergangenen Jahren habe ich mich intensiv im Rahmen meiner Forschung und auch durch die Arbeit an meinem Startup mit dem Konzept der wissensbasierten, multikriteriellen Entscheidungsfindung auseinandergesetzt. Dabei herausgekommen ist ein Ansatz, den ich mittels dieses QuickGuides nunmehr mit Ihnen, liebe Leserinnen und Leser, teilen möchte. Auf die Erfahrungen, welche Sie damit machen, bin ich sehr gespannt und freue mich über Feedback und Anregungen sehr!

Das Buch unterteilt sich in einen eher theoretischen und einen praktischen Teil. Zunächst schauen wir uns einmal an, welche Arten von Entscheidungen es gibt und warum es uns überhaupt schwerfällt, diese gut zu treffen. Woran liegt das eigentlich? Wir diskutieren den Prozess einer idealtypischen Entscheidungsfindung an und überlegen uns, was wir tun können, damit im praktischen Einsatz möglichst viel davon übrig bleibt.

Im praktischen Teil wenden wir dann die wesentlichen Elemente des erarbeiteten Ansatzes auf verschiedene Szenarien an. Jene Beispiele stammen sowohl aus dem privaten als auch aus dem Unternehmensumfeld. Die darin geäußerten Empfehlungen stammen entweder aus meiner eigenen beruflichen bzw. privaten Erfahrungen, oder basieren auf Gesprächen mit Experten. Für die fachliche Beratung im Bereich der medizinischen Entscheidungen als Patient gilt mein Dank ganz besonders den Dres. med. Seda Cinar, Theresa Harbauer, Esther Górski und Dominik Dotzauer!

Gutes Gelingen bei all Ihren Entscheidungen, seien sie nun beruflich oder privat und viel Freude beim Lesen!

Hamburg Sebastian Pioch
Frühling 2019

Inhaltsverzeichnis

1 Einleitung 1
    1.1   Warum fallen uns einige Entscheidungen schwer?.............. 3
    1.2   Wie Sie mit diesem Buch arbeiten 5
    Literatur 6

2 Das übergeordnete Ziel 7
    2.1   Warum ein Entscheidungsziel so wichtig ist.................. 8
    Literatur 11

3 Theoretische Betrachtungen von Entscheidungen 13
    3.1   Arten von Entscheidungen 14
    3.2   Heuristiken 16
    3.3   Statistische Effekte 19
    3.4   Wissensbasierte, multikriterielle Entscheidungen 21
    Literatur 25

4 Informationsbeschaffung und Wissensarbeit......................27
    4.1   Methoden der Intelligence 27
    4.2   Wissensarbeit zur Entscheidungsunterstützung 31
    Literatur 33

5 Der Entscheidungsprozess......................................35
    5.1   Ziel definieren...36
    5.2   Optionen recherchieren...................................37
    5.3   Kriterien vergeben.......................................38
    5.4   Gewichtungen vornehmen................................38
    5.5   Informationen und Wissen beschaffen 41

	5.6	Intuition einfließen lassen 42
	5.7	Entscheidung treffen 45
	5.8	Strategien zum Vermeiden von Entscheidungsfehlern 46
	5.9	Entscheidungen im Team treffen 49
	Literatur 54	

6 Anwendungsbeispiele für die Praxis 55
    6.1   Kaufentscheidungen 56
    6.2   Entscheidungen als Patient 59
    6.3   Entscheidungen für ein Studium bzw. für einen Job 63
    6.4   Entscheidung für eine Geldanlage 68
    6.5   Personalentscheidungen 71
    6.6   Entscheidungen bei der Geschäftsmodellentwicklung 75
    6.7   Entscheidung für eine Digital-Agentur 79
    6.8   Entscheidungen im Rahmen der Digitalisierungsstrategie 83
    6.9   Entscheidung im Zuge einer Existenzgründung 85
    6.10 Entscheidungen im Zuge einer Prototypentwicklung 89
    Literatur 92

7 Fazit und Ausblick 93

Literatur 95

Einleitung 1

▶ **Was Sie aus diesem Kapitel mitnehmen**

- Entscheidungen sind nicht gleich Entscheidungen.
- Warum uns einige Entscheidungen schwerer fallen als andere.
- Wie Sie mit diesem Buch arbeiten.
- Was sich hinter dem Begriff Entscheidungsdepression verbirgt.

„Täglich treffen wir ca. 20.000 Entscheidungen." Wenn Sie mal wieder einen Artikel lesen, der mit diesen Worten beginnt, werfen Sie ihn bitte weg. Sie können dann getrost davon ausgehen, dass die Autoren sich nicht die Mühe gemacht haben, eine vernünftige Unterscheidung vorzunehmen.

Entscheidungen sind viel zu komplex und in ihrer Art auch zu unterschiedlich, um sie mal eben über den Kamm zu scheren und zu behaupten, wir würden jeden Tag 20.000 davon treffen. Das mag ja im Kern sogar stimmen nur – was nützt Ihnen diese Aussage? Treffen Sie dadurch bessere Entscheidungen? Wohl kaum.

Es existieren bereits Unmengen an Artikeln, Büchern und Kolumnen zum Thema Entscheidungsfindung. Warum also noch eine weitere Schrift dazu wie die Ihnen hier vorliegende? Dieser QuickGuide möchte Ihnen dabei helfen, bessere Entscheidungen von der Art zu treffen, die eine entsprechende Bedeutung für Sie haben. Die nachfolgende Aussage werden wir im Laufe dieses Buchs entsprechend aufbereiten:

▶ Gute Entscheidungen werden dann gelingen, wenn sich der Entscheider darüber im Klaren wird, was das übergeordnete Ziel der Entscheidung ist, wenn er über relevante Informationen verfügt, wenn er sich Zeit nimmt, Entscheidungsfehler vermeidet und seine Intuition berücksichtigt.

Ein wesentlicher Aspekt der vorstehenden Aussage bezieht sich auf Informationen. Wir werden in den folgenden Kapiteln erarbeiten, warum sie so wichtig sind, wie sie sich beschaffen lassen, wie sie dabei helfen, Entscheidungsfehler zu vermeiden und welche Rolle Wissen dabei spielt. So war eine der teuersten Fehlentscheidungen der deutschen Wirtschaftsgeschichte etwa folgende: Rund zehn Milliarden Euro für neue Kohle- und Gaskraftwerke setzte der Essener Stromkonzern RWE in den Sand, weil der Vorstand rund um den damaligen Chef Harry Roels und seinen Nachfolger Jürgen Großmann von der Energiewende offenbar „überrascht" wurde (vgl. Obmann 2017, o. S.). Ein weiteres Beispiel für schlecht getroffene Entscheidungen ist der Brexit, bei dem sich eine kleine Mehrheit (51,9 %) für den Austritt des Vereinigten Königreichs aus der EU entschied. Kurz nach dem Referendum begannen die Briten scharenweise zu googeln, was die EU überhaupt ist – nachdem die Entscheidung bereits getroffen war ... (vgl. de Graaf und de Graaf 2020, S. 155.)

Zunächst ist es jedoch sinnvoll, wie angedeutet, eine Unterscheidung dahingehend vorzunehmen, welche Arten von Entscheidungen es gibt und welcher Prozess sich eignet, um die gängigsten Entscheidungsfehler zu vermeiden. Abschließend werden wir jenes Konzept anhand von 10 Praxisfällen diskutieren, die sowohl aus dem privaten Bereich stammen als auch im geschäftlichen Kontext anzusiedeln sind.

Ziel dieses Buchs ist es nicht, dass Sie zukünftig keine Fehlentscheidungen mehr treffen. Das wäre anmaßend und völlig unrealistisch. Zudem haben Fehlentscheidungen auch Vorteile, kann man doch aus ihnen lernen und entsprechende Erfahrungen sammeln. Vielmehr will der vorliegende QuickGuide eine Hilfestellung dahingehend bieten, dass der Umgang mit Entscheidungsdepressionen erheblich vereinfacht wird. Mit Entscheidungsdepressionen sind Situationen gemeint, in denen sich jemand partout nicht entscheiden kann. Es sollen Handlungsempfehlungen gegeben werden, die sich auf die unterschiedlichsten Bereiche anwenden lassen.

Da, wie ebenfalls bereits erwähnt, schon vieles zu diesem Thema geschrieben wurde und der Rahmen dieses Buchs sehr begrenzt ist, wird an einigen Stellen lediglich auf ein Konzept verwiesen und sodann empfohlen, die entsprechenden Quellen eigenständig zu sichten. Gute Entscheidungen zu treffen ist keine Kunst, auch wenn Sie einige Titel etwas Anderes glauben machen wollen. Vielmehr ist Entscheiden eher ein Handwerk, das jeder lernen kann, so er denn möchte. An den zehn Praxisfällen wird zu erkennen sein, dass es durchaus möglich ist, ein Rahmenwerk für die thematisch unterschiedlichsten Entscheidungssituationen zu nutzen. Wie wir erarbeiten werden ist es nämlich in den allermeisten Fällen sinnvoll, zunächst das übergeordnete Ziel einer Entscheidung zu definieren, sodann mindestens drei Optionen und jeweils 3–4 Kriterien zu vergeben, relevante Informationen und Wissen zu beschaffen, die gewählten Kriterien zu gewichten und zu bestimmen, wie gut die jeweiligen Optionen die Kriterien erfüllen. Anschließend ist es sinnvoll, auf sein Bauchgefühl – die so genannten somatischen Marker – zu achten, schließlich auch wirklich eine Entscheidung zu treffen und Dinge konkret umzusetzen.

Kommen Sie mit auf eine Reise durch die spannende Welt wissensbasierter Entscheidungen, es lohnt sich!

1.1 Warum fallen uns einige Entscheidungen schwer?

Aller Voraussicht nach ist es Ihnen bereits einmal so gegangen, dass Sie sich schlichtweg nicht entscheiden konnten – warum sollten Sie sonst dieses Buch lesen? Woran liegt das? Was können wir dagegen tun? Nun, die beiden wichtigsten Ursachen sind so simpel wie logisch. Der erste Grund, ist der, dass die Optionen, zwischen denen Sie sich entscheiden wollen, zu nah bei einander liegen. Was bedeutet das? Mit Optionen sind zunächst einmal Auswahlmöglichkeiten gemeint, zwischen denen Sie wählen können. Nehmen wir an, dass Sie gerade Ihr Studium beendet haben und nun Ihren ersten Job antreten möchten. Sie haben diverse Bewerbungen versendet, mehrere Vorstellungsrunden absolviert und nun liegen drei Angebote auf dem Tisch. Was eigentlich toll sein müsste stresst Sie allerdings total. Sie können sich nicht entscheiden.

Das Problem ist, dass die Angebote zu nah beieinander liegen. Die Unterschiede im Gehalt sind minimal, die Anzahl der Urlaubstage sind identisch und einen Tag Homeoffice gestattet Ihnen auch jeder Arbeitgeber. Was nun? So trivial es klingt – Sie hätten kein Problem, wenn Ihnen nur zwei Angebote vorlägen und Sie bei vergleichbaren Aufgaben und Betriebsklima in dem einen Job 40.000 € pro Jahr mehr verdienen würden und obendrein fünf Tage mehr Urlaub hätten, richtig? Wie Sie damit umgehen können besprechen wir detailliert in Kap. 6 – der Entscheidungsprozess. Aber so viel sei vorweggenommen, hier hilft ein Ansatz der Gebrüder Heath, den sie *widen your options* nennen (vgl. Heath und Heath 2013, S. 32. ff.). Im Kern geht es darum, dass wenn die Optionen zu nah bei einander liegen bzw., wenn es nur zwei davon gibt, nach weiteren Alternativen zu suchen, um die Entscheidungsdepression aufzulösen. Aber wie gesagt, wir diskutieren das später ausführlicher.

Ein weiterer Ansatz der hier möglicherweise sofort helfen kann ist, wenn Sie sich vorstellen was Sie tun würden, wenn plötzlich alle Angebote zurückgezogen würden? Solche Rahmenwerke werden uns in den folgenden Kapiteln immer wieder begegnen. Dabei geht es weniger darum zu diskutieren, wie wahrscheinlich es ist, dass sich plötzlich drei Jobangebote in Luft auflösen. Vielmehr helfen solche Gedankengänge dabei, sich emotional aus derlei Verstrickungen zu lösen und jene kognitiven Blockaden aufzulösen.

Der zweite Hauptgrund, warum uns einige Entscheidungen schwerer fallen als andere, ist, dass wir uns inhaltlich mit dem Bereich, aus dem die Entscheidung stammt, nicht auskennen. So hätte etwa kein Kfz-Meister Schwierigkeiten damit, ein gebrauchtes Auto auszuwählen, oder aber ein Arzt damit, sich für eine Klinik zu entscheiden, wenn etwa eine größere OP ansteht. Interessanterweise würden sich die wenigsten Ärzte in der Klinik operieren lassen in der sie arbeiten, aber dazu später mehr.

Warum ist das so? Warum fällt es uns leichter, Entscheidungen in Themenbereichen zu treffen, in denen wir uns fachlich auskennen? Verkürzt gesagt liegt es daran, dass wir durch das Fachwissen in der Lage sind, die Komplexität der Entscheidung besser zu überblicken und schneller zu erkennen, was wichtig ist. So wird der Kfz-Meister sofort die richtigen Fragen stellen, die aber je nach Autotyp unterschiedlich sind. Beim 3er Golf ist es vielleicht der Zahnriemen, der gewechselt werden muss, bei einem BMW sollte beim vorliegenden Kilometerstand bereits einmal die Kupplung gewechselt worden sein.

Beim Arzt verhält es sich ähnlich. Ihm wäre es weniger wichtig, ob die Klinik bei ihm in der Nähe liegt oder welche Bewertungen sie im Internet erhält, ihn interessiert, wie oft das Haus die OP durchführt, der er sich unterziehen muss. Zum Thema medizinische Entscheidungen kommen wir noch. Was den Kfz-Meister und den Arzt jeweils von Laien unterscheidet ist ihr *Wissen*. Den Begriff Wissen besprechen wir in Kap. 4 genauer. Nur so viel – es hat mit Erfahrungen zu tun. Jemand der sich mit einem Thema auskennt weiß, worauf er achten muss, wohingegen die Laien zumeist völlig ahnungslos durch die Gegend tapern und alle Informationen für gleich wichtig halten. Dies ist der große Vorteil, den wissensbasiertes Entscheiden bietet, darauf werden wir immer wieder eingehen.

Ein Grund also, warum uns einige Entscheidungen schwerer fallen als andere ist, dass sie durch fehlendes Fachwissen komplexer sind als wenn wir uns damit auskennen würden. Um sich das besser vorstellen zu können sagen Sie doch jetzt einmal Ihre Mobilnummer vor sich hin. So wie Sie es tun, wenn Sie sie jemandem geben. Falls Sie gerade in der Bahn sitzen und keine komischen Blicke ernten möchten dürfen Sie das auch gern stumm tun. Fertig? Okay. Angenommen Ihre Telefonnummer lautet 0151/19508853. Dann werden Sie wohl kaum gesagt haben: null einhunderteinundfünfzig, neunzehnmillionenfünfhundertachttausendachthundertdreiundfünfzig, oder? Vielmehr haben Sie wohl gesagt null eins fünf eins, neunzehn fünfzig, acht acht fünf drei. Oder so ähnlich. Das liegt daran, dass wir nur wenige Dinge auf einmal erfassen können. Mit den Details möchte ich Sie hier nicht langweilen, wenn Sie mehr darüber erfahren wollen suchen Sie doch bei Google mal nach: „*Die magische Zahl 7, mentaler Arbeitsspeicher*". Nur ein Hinweis noch – wenn Sie jemandem Ihre Nummer am Telefon sagen und er sie in einer anderen Form wiederholt als Sie sie gesagt haben (z. B. *hundertfünfundneunzig null achtundachtzig* statt *neunzehn fünfzig, acht acht*) dann überfordert Sie das auch, richtig? So viel zum Thema Komplexität ...

1.2 Wie Sie mit diesem Buch arbeiten

Grundsätzlich kann jeder mit diesem Buch arbeiten, da wir alle immer wieder Entscheidungen treffen (müssen), die uns entsprechend wichtig sind. Allerdings gibt es, wie wir später sehen werden, unterschiedliche Typen von Entscheidern. Es gibt mehr Kopf- und es gibt mehr Bauchmenschen. Da es sich bei diesem QuickGuide um ein besonders anwendungsbezogenes Buch handelt wird empfohlen, vor der Sichtung folgendes zu tun:

- Erinnern Sie sich bitte an die letzten beiden Situationen, in denen Sie sich nicht entscheiden konnten und schreiben Sie diese kurz nieder. Worum ging es? Welche Informationen hatten Sie? Wen haben Sie um Rat gefragt? Wenn Sie sich entschieden haben – wie geht es Ihnen inzwischen mit der Entscheidung?

Hintergrund jener kleinen Vorarbeit ist, dass Sie Hinweise und Anregungen in den folgenden Kapiteln besser nachvollziehen können, wenn Sie sich Ihre eigenen Erfahrungen noch mal ins Gedächtnis rufen. Darüber hinaus ist es empfehlenswert, die hier besprochenen Übungen direkt auf eine aktuelle Situation anzuwenden, in der Sie momentan eine Entscheidung treffen wollen und hier einen Sachverhalt heranzuziehen, der in den kommenden Wochen/Monaten ansteht. Zur Unterstützung können Sie dabei auch das Online-Tool www.proofler.com verwenden, es basiert auf dem hier vorgestellten Konzept.

Aufgrund des überschaubaren Umfangs wird empfohlen, das Buch einmal von vorn bis hinten durchzulesen und sich die hier verwendeten Quellen einmal anzusehen. Ein wesentlicher Aspekt des hier vorgestellten Konzepts ist es, wie wir sehen werden, Dritte als Experten um Rat zu fragen. Sie wissen worauf man achten muss, welche Fragen zu stellen sind. Insofern wird empfohlen, dass Sie einmal eine Übersicht Ihres Netzwerks erstellen und überlegen, wer sich in welchen Bereichen auskennt. Dies gilt sowohl für private als auch für berufliche Entscheidungen. Schließlich arbeiten Sie mit diesem QuickGuide am besten – in dem Sie mit ihm arbeiten. Genau, dies ist ein Arbeitsbuch, benutzen Sie es bitte genau im Sinne des Wortes. Gute Entscheidungen zu treffen ist wie gesagt keine Kunst oder eine Rocket Science, sondern ein Handwerk, das jeder lernen kann. Üben Sie! Üben Sie die hier vorgestellten Prozesse auf die eigenen Entscheidungen anzuwenden. Auch wenn das initial mit etwas Aufwand verbunden ist und ungewohnt erscheinen mag, so wird sich doch nach dem 3.–4. Mal eine gewisse Routine einstellen und die Dinge sind völlig normal.

Ebenfalls hilfreich wird es sein, wenn Sie zukünftig wichtigere Entscheidungen dokumentieren. Wie sollen Sie sonst lernen, Ihren Prozess zu verbessern? Oftmals dauert es ja Wochen, Monate oder gar Jahre bis man einschätzen kann, ob man eine gute Entscheidung getroffen hat, oder eher nicht. Um dann rückwirkend einschätzen zu können wie Sie vorgegangen sind empfehle ich, dass Sie eine Art Entscheidungstagebuch gemäß des in den folgenden Kapiteln vorgestellten Prozesses führen. Was war das übergeordnete Ziel Ihrer Entscheidung? Welches waren mögliche Optionen und Kriterien? Wie haben Sie sie gewichtet? Wer hat Sie als Experte unterstützt? Wie war Ihr Bauchgefühl und wie haben Sie sich schließlich entschieden? All das wird Ihnen helfen, den größtmöglichen Nutzen aus dem Buch zu ziehen. Viel Erfolg!

Ihr Transfer in die Praxis

- Machen Sie sich bewusst, dass es verschiedene Arten von Entscheidungen gibt und reflektieren Sie vor jeder wichtigen Entscheidung, um welche Art es sich jeweils handelt.
- Vermeiden Sie Oder-Entscheidungen sprich solche Situationen, in denen Sie zwischen zwei Optionen wählen müssen und versuchen Sie, eine dritte Option zu finden.
- Entscheidungen fallen uns schwer, wenn sich die Optionen hinsichtlich der Ausprägungen stark ähneln und wenn wir uns inhaltlich mit dem Bereich der Entscheidung kaum auskennen. ◄

Literatur

Heath, D., & Heath, C. (2013). *Decisive: How to make better decisions*. New York: Random House Business.

de Graaf, M., & de Graaf, E. (2020). *Decisions by Design – In vier Schritten zu umsetzungsstarken Entscheidungen*. Stuttgart: Schäffer-Poeschel.

Obmann, C. (15. Juli 2017). Fehlentscheidungen in Unternehmen: Wie unbewusste Denkmuster Manager beeinflussen. Von Handelsblatt: handelsblatt.com. Zugegriffen am 03.12.2020.

Das übergeordnete Ziel 2

▶ **Was Sie aus diesem Kapitel mitnehmen**

- Warum es so wichtig ist, sich über das eigentliche Ziel seiner Entscheidung im Klaren zu sein.
- Was geschehen kann, wenn Sie in Instrumenten statt strategisch denken.
- Warum die Five-Why-Methode helfen kann, sein Ziel zu definieren.

Bevor wir im nächsten Kapitel unterscheiden, welche verschiedenen Arten von Entscheidungen und Entscheidern es gibt, wird es zunächst darum gehen, welcher Prozess jeder Entscheidung vorausgehen sollte. Das Wichtigste ist nämlich, das kann gar nicht genug betont werden, was für eine gute Entscheidung notwendig ist, wollen wir als das *übergeordnete Ziel* bezeichnen. Sie würden nicht glauben, wie viele Entscheidungen schneller und vor allem im Sinne des Entscheiders besser getroffen werden könnten, würde mehr Zeit darauf verwendet, sich über das eigentliche Ziel der Entscheidung klar zu werden. Jede Entscheidung *für* etwas ist gleichzeitig immer auch die Entscheidung *gegen* etwas anderes. Umso wichtiger, dass Sie sich darüber im Klaren sind, was genau Sie erreichen möchten.

2.1 Warum ein Entscheidungsziel so wichtig ist

Leider kommt es immer wieder vor, dass Menschen in eine Entscheidungsfindung „hineinstolpern" und die meiste Zeit damit verbringen, Optionen zu vergleichen, die ihnen nicht helfen und Informationen zu recherchieren, die sie nicht brauchen. Was ist da los? Schauen wir uns das einmal an zwei Beispielen an, eines aus dem privaten Kontext und eines aus der Geschäftswelt:

Nehmen wir zunächst einmal an, ein junger Mann, nennen wir ihn Lukas, hat kürzlich seinen ersten Studienabschluss (Bachelor) im Bereich Logistik absolviert. Nun nimmt er wie viele andere junge Leute auch an, dass sich seine Karrierechancen erhöhen würden, wenn er zusätzlich zu dem Bachelorstudium einen Masterabschluss erwirbt. In vielen Berufen mag das so sein, bei weitem jedoch nicht in jedem. Typischerweise googelt Lukas jetzt nach „Masterstudium Logistik" und findet diverse nationale und internationale Angebote. Er recherchiert die Webseiten bzw. Angebote der unterschiedlichen Hochschulen und meldet sich ggf. zu der einen oder anderen Infoveranstaltung an. Diese besucht er dann, bekommt Unmengen an Infomaterial und beginnt zu Hause damit, seine Entscheidung vorzubereiten. So weit so schlecht. Warum schlecht?

Gehen wir doch noch einmal zum Beginn der Geschichte zurück. Lukas nimmt an, dass er durch den Erwerb eines Masterstudiums einen besseren Job (mehr Gehalt, höhere Verantwortung etc.) bekommt als mit einem Bachelorabschluss. Er verfolgt die These, dass er das Ziel, einen besseren Job, durch den Master erreicht. Nur, ist das wirklich stets der Fall? Wäre es nicht schlauer, anders an die Sache heranzugehen? Wie wir später detaillierter sehen werden, geht die wissensbasierte Entscheidungsfindung davon aus, dass Erfahrungen Dritter in den allermeisten Fällen zu besseren Ergebnissen führen. So auch hier. Lukas' erster Schritt sollte nämlich sein, die These – ein Masterabschluss führt zu besseren Jobaussichten in der Logistikbranche – mit jemandem zu diskutieren, der genau den Job hat, den Lukas sich wünscht.

Es könnte nämlich sein, dass dieser ihm rät, KEINEN Masterabschluss zu erwerben, sondern sich mit dem bestehenden Bachelor auf ein zweijähriges Traineeprogramm zu bewerben. Daran anschließend kann Lukas dann einschätzen in welchem Teilbereich der Logistik er eingesetzt werden möchte und ob es nötig ist, dazu einen Master zu erwerben. Diesen könnte er dann sogar an der firmeneigenen Hochschule erwerben. Glauben Sie nicht? Bei Kühne & Nagel ist das skizzierte Szenario Realität.

In einem zweiten Fall, auf den wir in Abschn. 6.7 detaillierter eingehen, nehmen wir an, dass sich ein mittelständisches Unternehmen für eine Digitalagentur ent-

2.1 Warum ein Entscheidungsziel so wichtig ist

scheiden soll, welches den firmeneigenen Webauftritt erneuert. Das nachfolgende Beispiel ließe sich gern auch auf die Auswahl eines CRM-Tools oder auf die Frage anwenden, ob ein Unternehmen seine Führungskräfte zu Scrum-Mastern ausbilden lässt. Gerade momentan verfallen viele Unternehmen in Hektik, um bloß nicht den Anschluss in Sachen Digitalisierung zu verpassen (vgl. Pioch et al. 2018, S. 10 ff.). Was leider allzu oft passiert ist nämlich folgendes: Jemand kommt von einer Veranstaltung und hat dort, oder von seinem Bekannten in der Sauna, gehört, dass man doch eine moderne Webseite haben muss, die auch bestens suchmaschinenoptimiert ist.

Nun, dagegen ist grundsätzlich noch nichts einzuwenden, aber schauen wir mal, wie es weitergeht.

In einem konkreten Fall war es nämlich so, dass ein finnischer Hersteller von Trinkwasserrohren eine deutsche Digitalagentur damit beauftragte, den Webauftritt der Firma zu erneuern. Man fing also an, diverse Details zu entscheiden: Texte, Farben, Fotos, Struktur usw. Leider wurde eine Frage überhaupt nicht diskutiert: Was ist das übergeordnete Ziel der ganzen Veranstaltung? Warum brauchen wir denn eine (neue) Webseite? Würde man sich intensiv mit dieser Frage auseinandersetzen käme man wohl zu dem Schluss, dass die Webseite dazu dienen soll, Kunden zu gewinnen, um (mehr) Rohre zu verkaufen. Was wiederum zu der Frage führen sollte – wer sind denn eigentlich unsere Kunden und wie müsste eine Webseite aussehen, dass sie sich für uns als Anbieter entscheiden? Um es abzukürzen – dieses Unternehmen braucht im Grunde genommen gar keine Webseite, im besten Fall eine kurze Landingpage, die einem Besucher nur die wichtigsten Dinge erläutert (vgl. ebd.).

Natürlich hat eine Firmenwebseite auch andere Funktionen, keine Frage. Dort können Stellenanzeigen veröffentlicht und z. B. auf eine firmeneigene App verwiesen werden. Der entscheidende Punkt dürfte Ihnen jedoch klargeworden sein, oder? Bevor man eine neue Webseite entwickelt kann es sehr klug sein zu hinterfragen, was das übergeordnete Ziel einer solchen Investition ist. Genauso verhält es sich mit dem besagten CRM und der Scrum-Master-Ausbildung. Bei letzterer Entscheidung könnte ggf. zunächst die Frage sinnvoll sein, ob Scrum überhaupt eine Methode ist, die für das betreffende Unternehmen geeignet ist. Leider findet hier momentan viel zu viel ad hoc-Aktionismus statt, ohne dass den Maßnahmen eine konkrete Strategie zugrunde liegt.

Fassen wir also zusammen: Bevor Sie sich auf den Weg begeben und nach Optionen für Ihre Entscheidung recherchieren und sich Gedanken über geeignete Kriterien machen, nehmen Sie sich bitte die Zeit und definieren das übergeordnete Ziel. Worum geht es genau? Was soll sich durch die zu treffende Entscheidung ändern? Denken Sie in Zuständen, nicht in Werkzeugen, oder Methoden. Zur Erinnerung, ein Studium ist ein Instrument, das zu einem Abschluss führt, der einem wiederum (vermeintlich) zu einem besseren Jobangebot verhilft. Scrum ist eine agile Methode, die dabei helfen kann, innovative Produkte zu entwickeln. Sie ist aber kein Garant dafür, dass ein Unternehmen dadurch innovativer wird oder etwa im Rahmen der Digitalisierung den Anschluss nicht verfehlt. Wer das glaubt nimmt vermutlich auch an, dass Zitronenfalter Zitronen falten.

Das Gleiche gilt im übertragenen Sinne auch für Webseiten oder Firmenbroschüren. Sie sind Kommunikationsinstrumente, die Kommunikationsziele erreichen können. Mithin sollte zunächst die Frage beantwortet werden, was genau das übergeordnete Kommunikationsziel ist und ob der Rezipient (in der Regel Ihr Kunde) überhaupt mit den genannten Instrumenten zu erreichen ist.

Sie sehen insbesondere an dem letzten Beispiel, wie wichtig es für gute Entscheidungen ist, die relevanten Stakeholder so früh wie möglich in einen Entscheidungsprozess zu integrieren. Wenn Google etwa die Entscheidung trifft, über welche Kanäle sie ihr Angebot der *Zukunftswerkstatt* kommuniziert, könnte es klug sein, die Zielgruppe nach ihren Vorlieben zu befragen, anstatt die eigenen Vorlieben zu bedienen. Sie wissen schon, die Sache mit Köder und Fisch, nicht Angler.

Möglicherweise waren es auch Gedanken wie die in diesem Unterkapitel ausgesprochene Empfehlung, sich vor Entscheidungen stets intensiv mit dem übergeordneten Ziel zu beschäftigen, als bei Toyota, die *Five-Why-Strategie* entwickelt wurde. Wenn Sie nämlich, angelehnt an Lukas' Master-Beispiel, immer wieder (fünfmal) nach dem eigentlichen Warum fragen, entwickelt sich daraus eine völlig neue Sichtweise auf das vorliegende Thema und mithin auch eine andere Strategie.

Ein letzter Rat – nehmen Sie sich für diese Phase ausreichend Zeit und verfallen bitte nicht in Hektik. Immer wieder ist zu beobachten, dass z. B. Personalentscheidungen getroffen werden, ohne dass klar ist, was sich durch die neu einzustellende Person ändern soll. Dass Marketing-Kampagnen gestartet werden, ohne dass klar ist, wen man da eigentlich wie wovon überzeugen möchte. Oder aber, dass mal eben medizinische Therapien verordnet werden, ohne dass es dabei um das Wohl des Patienten geht, sondern vielmehr um das ökonomische Ergebnis der betreffenden Klinik.

Hinterfragen Sie also bei wichtigen Entscheidungen immer wieder das übergeordnete Ziel, integrieren Sie von Anfang an die wichtigsten Stakeholder, nehmen Sie sich Zeit und dokumentieren Sie alles fein säuberlich. Dann wird es nämlich sehr schwer werden, eine Entscheidung zu treffen, mit der Sie nicht zufrieden sind bzw. die Sie auch einige Zeit später entsprechend nachvollziehen können.

Ihr Transfer in die Praxis

- Nehmen Sie sich bei wichtigen Entscheidungen ausreichend Zeit, um Ihr übergeordnetes Ziel zu definieren. Worum geht es genau? Was soll erreicht werden?
- Denken Sie in Strategien, nicht in Methoden bzw. Instrumenten.
- Überlegen Sie sich gleich zu Beginn, wen Sie in die Entscheidung integrieren könnten. Entweder, um mitzuentscheiden, oder um Ihnen als Experte zur Verfügung zu stehen. ◄

Literatur

Pioch, S., Sonnet, D., & Blenski, B. (2018). *Die digitale Achillesferse – Wie mittelständische Unternehmen die Chancen der Digitalisierung nutzen können. Ein Praxisleitfaden.* Hamburg: tredition.

Theoretische Betrachtungen von Entscheidungen 3

▶ **Was Sie aus diesem Kapitel mitnehmen**

- Warum Kontrolle und Wettbewerb bestimmte Arten von Entscheidungen beeinflussen.
- Was Heuristiken sind und wie sie sich von der wissensbasierten Entscheidungsfindung unterscheiden.
- Warum es hilfreich ist, um die wichtigsten statistischen Effekte zu wissen und wo sie sich in Studien verstecken.

Im folgenden Kapitel sollen nun einige grundständige Ausführungen zur Entscheidungsfindung erfolgen, um hier eine sachgemäße Trennung vorzunehmen. Rosenzweig hat völlig recht, wenn er sagt, dass nur derjenige richtige Entscheidungen treffen wird, der sich bewusst macht, um welche Art einer Entscheidung es jeweils geht (vgl. Rosenzweig 2014, S. 27). Tatsächlich wird das Wort Entscheidung nämlich inflationär auf die verschiedensten Sachverhalte angewendet, obschon sie sich signifikant unterscheiden. Der Begriff „Entscheidung" wird im allgemeinen Sprachgebrauch vor allem dann angewendet, wenn ein *Wahlproblem von besonderer Bedeutung* vorliegt, von dessen Ausgang vieles abhängt. Nach Klärung entsprechender Konzepte besprechen wir in einem kurzen Exkurs den Begriff der Heuristiken und klären ferner, was es genau mit wissensbasierten Entscheidungen auf sich hat.

3.1 Arten von Entscheidungen

Unter einer „Entscheidung" wird im Speziellen die (mehr oder weniger bewusste) Auswahl einer von mehreren möglichen Handlungsalternativen (Optionen) verstanden. Entscheidungstheorie ist z. B. die Festlegung eines Investitionsprogramms durch die Unternehmensleitung, oder aber der Entschluss eines Haushaltes, in einem bestimmten Geschäft und nicht in einem anderen einzukaufen. Es dürfte Konsens darüber herrschen, dass es etwas Anderes ist, ob man sich im Supermarkt seines Vertrauens für ein Müsli entscheidet, oder ob jemand die Personalauswahl für eine Führungsposition trifft. Nicht nur, dass es einen nicht zu verkennenden Unterschied in der Bedeutung gibt (Fallhöhe für den Entscheider), auch die Rahmenbedingungen sind völlig andere.

Folgerichtig kommt Rosenzweig zu der Erkenntnis, dass hier eine Einordnung vonnöten ist, die er wie folgt vornimmt (vgl. ebd. ff.): Zunächst unterscheidet er zwischen den Dimensionen *Performance* und *Kontrolle*. Bei Performance geht es darum, wie der Erfolg einer Entscheidung gemessen werden soll. So kann man sich ja fragen, ob man einfach nur (für sich) ein gutes Ergebnis erzielen möchte (gesundes Frühstück → Müsli), oder aber ob wir besser sein wollen als andere (Wettbewerb), indem wir etwa eine fähige Führungskraft einstellen. Im Bereich der Kontrolle geht es darum, ob hier eine einmalige Bewertung vonnöten ist, oder ob wir das Ergebnis zu einem späteren Zeitpunkt noch beeinflussen können.

Rosenzweig unterteilt ferner in vier Felder, die wir kurz diskutieren wollen (siehe auch Abb. 3.1):

- **Feld 1**: *Erledigen von Routineaufgaben*: Ausgehend von dem Müsli-Beispiel kann man sich vorstellen, dass der Kunde keinen Einfluss darauf hat, welche Auswahl an Müslisorten der Supermarkt anbietet (Kontrolle gering). Andererseits ist die Performance absolut, Sie wählen schlichtweg was zu Ihnen passt und konkurrieren mit keinem anderen. Ähnlich verhält es sich bei Anlageentscheidungen, wie wir in Abschn. 6.4 sehen werden.
- **Feld 2**: *Beeinflussen von Ergebnissen*: Hier geht es um die Einstellung des Entscheiders zu dem jeweils vorliegenden Sachverhalt. Wenn er etwa im Rahmen eines Projekts, das ihm angetragen wird, entsprechende Entscheidungen treffen muss, ist es schließlich an ihm, aktiv in die Prozesse einzugreifen und mithin die Ergebnisse zu beeinflussen (die Kontrolle steigt). Hier hilft insbesondere das in Kap. 2 ausgeführte gründliche Nachdenken über das eigentliche Ziel, um sodann die richtigen Dinge zu analysieren.

3.1 Arten von Entscheidungen

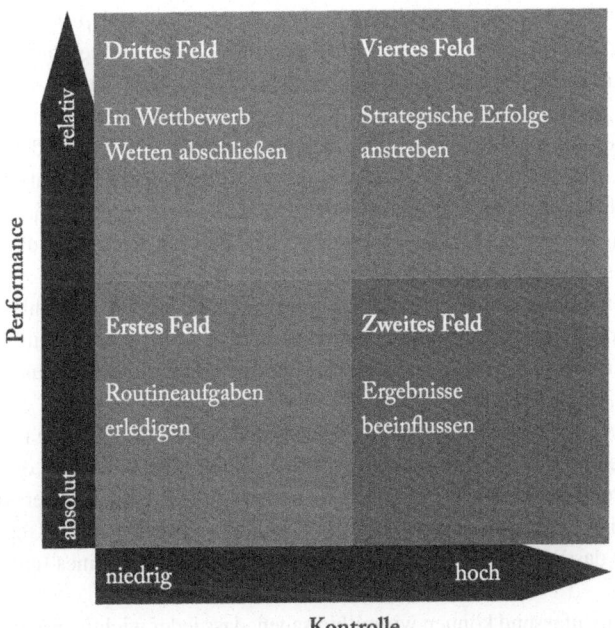

Abb. 3.1 Vier Arten von Entscheidungen (eig. Abb. nach Rosenzweig 2014, S. 28)

- **Feld 3**: *Im Wettbewerb Wetten abschließen*: Hier sind Entscheidungen gemeint, in denen Sie quasi nicht allein auf dem Spielfeld agieren, sondern berücksichtigen müssen, wie sich Ihr Wettbewerb verhält (worauf Sie jedoch keinen Einfluss haben → Kontrolle gering). Als Beispiel können Sie sich vorstellen, wie Sie den Duktus Ihrer Werbekampagne im Vergleich zum Wettbewerb ausrichten (z. B. Fritz Kola im Vergleich zum Wettbewerb), oder wie Sie Ihre Preispolitik gestalten.
- **Feld 4**: *Strategische Erfolge erzielen*: Entscheidungen dieser Kategorie gehören zu den folgenschwersten überhaupt. Wenn sich ein Startup für eine falsche Markteintrittsstrategie entscheidet war's das ggf. schon. Wenn ein bestehendes Unternehmen eine technologische Entwicklung falsch einschätzt ist es evtl. Geschichte (siehe Kodak). Es ist mithin ein Unterschied, ob ein Kunde in einem Supermarkt ein Müsli auswählt, oder ob ein Manager strategische Entscheidungen trifft. Er hat zwar volle Kontrolle über sein Handeln, muss jedoch in einem entsprechenden Wettbewerb agieren (Performance relativ).

Es wird zudem unterschieden zwischen *deskriptiver* und *präskriptiver* Entscheidungstheorie. Die deskriptive Entscheidungstheorie will beschreiben, wie in der Realität Entscheidungen getroffen werden, und erklären, warum sie gerade so und nicht anders zustande kommen. Ihr Ziel ist es, empirisch gehaltvolle Hypothesen über das Verhalten von Individuen und Gruppen im Entscheidungsprozess zu finden, mit deren Hilfe bei Kenntnis der jeweiligen konkreten Entscheidungssituation Entscheidungen prognostiziert bzw. gesteuert werden können. Die präskriptive (oder normative) Entscheidungstheorie will hingegen nicht die tatsächlichen Entscheidungsprozesse beschreiben und erklären, sondern zeigen, wie Entscheidungen „rational" getroffen werden können. Sie will Ratschläge für die Lösung von Entscheidungsproblemen erteilen, also Antwort geben auf die Frage, was ein Entscheider in unterschiedlichen Entscheidungssituationen tun soll. Letzteres ist u. a. das Ziel dieses Buches.

Dabei stehen Entscheidungen im Vordergrund, die zu treffen sind: im Hinblick auf mehrere zueinander in Konflikt stehende Zielgrößen (wie etwa das Ziel der Maximierung des Einkommens einerseits und das Minimieren der Arbeitszeit andererseits) und/oder angesichts einer unklaren Zukunft, einer Ungewissheit z. B. über das Wetter, das Verhalten eines Konkurrenten oder eines (anderen) Beteiligten.

Zusammenfassend können wir mithin sagen, dass jeder wichtigen Entscheidung (Fallhöhe bzw. Bedeutung für den Entscheider) eine Analyse vorstehen sollte, die ableitet, um welche Art einer Entscheidung es sich handelt. Muss ggf. akzeptiert werden, dass nicht alle Optionen zur Verfügung stehen? Muss eventuell auch berücksichtigt werden was Dritte tun? Derjenige, der sich darüber im Klaren ist, welches übergeordnete Ziel die Entscheidung verfolgt und welchem Feld sie zuzuordnen ist, kann davon ausgehen, dass eine Fehlentscheidung zunehmend unwahrscheinlicher wird.

3.2 Heuristiken

Kommen wir zu einer weiteren Methode, wie Entscheidungen getroffen werden können, die uns dabei hilft, das hier vorgestellte Konzept der wissensbasierten Entscheidungsfindung weiter abzugrenzen. Die Rede ist von so genannten Heurisiken. Diese stellen quasi das genaue Gegenteil von dem dar, was in diesem QuickGuide behandelt wird. Gigerenzer und Gaissmaier führen aus, dass Heuristiken effiziente kognitive Prozesse sind, die bewusst oder unbewusst einen Teil der Informationen ignorieren (vgl. Gigerenzer und Gaissmaier 2011, S. 451). Sie unternehmen den Versuch einer Definition indem sie sagen:

3.2 Heuristiken

▶ A heuristic is a strategy that ignores part of the information, with the goal of making decisions more quickly, frugally, and/or accurately than more complex methods. (Gigerenzer und Gaissmaier 2011, S. 454)

Nun mag es sein, dass Heuristiken eine schnellere Entscheidung komplexer Dinge ermöglichen, dazu müssen wir aber erneut unterscheiden, von welchen Entscheidungen wir sprechen. Im Kontext von Lukas' Masterstudium aus Abschn. 2.1 nämlich, würden Heuristiken kläglich scheitern. Schauen wir uns doch einmal an, was da passiert.

Sehr intensiv hat sich neben Gigerenzer auch Kahnemann mit Heuristiken beschäftigt. So führt er etwa mit Bezug auf Stanovich und West aus, dass wir kognitiv über zwei Systeme verfügen, die folgendes leisten (vgl. Kahnemann 2011, S. 33 f.)

- *System 1* arbeitet weitgehend ohne willentliche Steuerung, automatisch, mühelos und schnell.
- *System 2* hingegen arbeitet mit mentalen Aktivitäten, denen mithin auch Berechnungen zugrunde liegen.

Vereinfacht gesagt können Sie sich merken, dass Heuristiken mit System 1 arbeiten und wissensbasiertes Entscheiden System 2 benötigt. Eine völlige Dichotomie existiert indes nicht, wie wir später sehen werden.

Um das Konzept von Heuristiken besser verstehen und die Abgrenzung zum wissensbasierten Entscheiden besser nachvollziehen zu können, wollen wir uns zunächst einige Beispiele ansehen. Heuristiken eignen sich dann hervorragend, wenn der Entscheider wenig Zeit hat bzw. wenig Aufwand (etwa aus Ressourcenmangel) betreiben möchte, um eine Entscheidung zu treffen. Hier kann man sich z. B. die Situation in einer Notaufnahme eines Krankenhauses vorstellen, in der der aufnehmende Arzt entscheiden muss, wie er mit einem Patienten umgeht, der mit Schmerzen in der Brust vorstellig wird.

Um zu vermeiden, dass der Patient Unmengen an Untersuchungen über sich ergehen lassen muss (die ggf. lange dauern und hohe Kosten verursachen) und mit einer Einweisung auf die Intensivstation (die zumeist nur wenige Betten zur Verfügung hat) einhergehen, muss der Arzt ausschließen, dass die Brustschmerzen etwa einen lebensbedrohlichen Herzinfarkt bedeuten. Dieses Verfahren wird *strukturierte Triage* genannt und kann das med. Personal entlasten (vgl. Christ et al. 2010, o. S.). Es geht aber dabei freilich nicht nur um die Entlastung des Personals, sondern auch um die Qualitätssicherung zum Wohle des Patienten.

So verstarb z. B. 2007 eine Patientin in der Wartezone eines Krankenhauses in Los Angeles, nachdem sie sich mehr als 45 Minuten in der Wartezone vor Schmerzen gekrümmt hatte. Das Klinikpersonal hatte mehrfach die Wartezone durchquert, nahm aber solang keine Notiz von der Patientin, bis sie im Wartebereich zusammenbrach (vgl. Meilwes 2017, o. S.).

Beim Beispiel mit den Schmerzen in der Brust könnten diese genauso gut auch harmloseren Ursprungs sein und z. B. eine Entzündung der Speiseröhre durch zurückfließenden Magensaft, oder aber eine Erkrankung des Bewegungsapparates wie z. B. des Skelettsystems und der Brustwand bedeuten.

Hier eignet sich das Konzept der Heuristik. Der Arzt sollte mit einer Art Checkliste einen sogenannten *Suchraum*[1] mittels geeigneten Fragen durchsuchen. Gigerenzer et al. empfehlen da folgende drei Bausteine (vgl. Gigerenzer und Gaissmaier 2011, S. 456):

1. Suchregeln festlegen, in welche Richtung sich die Suche im Suchraum erstreckt.
2. Stoppregeln geben an, wann die Suche beendet wird.
3. Entscheidungsregeln legen fest, wann die finale Entscheidung getroffen wird.

Angewandt auf das Krankenhausbeispiel könnte man jetzt eine Checkliste mit Fragen entwickeln, die ausschließen, dass der Patient an einem Herzinfarkt leidet. Solange er die Fragen mit *Nein* beantwortet, kommt er nicht auf die Intensivstation. Beantwortet er aber auch nur eine Frage mit *Ja* wird er eingeliefert. Dabei geht es nicht nur um Vitalfunktionen, aber die Details sollen uns jetzt hier nicht weiter belasten. Wichtig ist, dass am Ende des Prozesses Zeit gespart, Fehler vermieden und die Wahrscheinlichkeit erhöht wird, bessere Entscheidungen zu treffen.

Ein anderes Beispiel soll aus der Wirtschaft für mehr Verständnis in Sachen Anwendung von Heuristiken dienen. So nennen Gigerenzer u. Gaissmaier einen Bereich nämlich *Less-Can-Be-More: Managers' One-Good-Reason Decisions* (vgl. ebd. S. 455). Nach dem Motto Weniger ist mehr wird also versucht, eine Heuristik zu entwickeln, die lediglich auf ein einziges (gutes) Argument zurückgeht. Sie verweisen auf die Entscheidung, etwa bestimmte Kunden in aktive und passive Kunden zu unterteilen.

Mittels einer Selektion könnte sodann entschieden werden, dass Kunden, die z. B. innerhalb einer bestimmten Anzahl von Monaten nichts gekauft haben als inaktiv eingestuft werden und somit etwaige Prospekte nicht mehr erhalten. Hierfür

---

[1] Als Suchraum soll hier ein theoretisches Konstrukt verstanden werden, das alle denkbaren Lösungen enthält. So kann man sich etwa ein Schachspiel vorstellen, das zu jedem Zeitpunkt entsprechende Zugmöglichkeiten enthält, die als Option infrage kommen.

wäre es freilich erforderlich, dass die nötigen Daten in einer entsprechenden Datenbank vorliegen.

Es ließen sich noch diverse andere Beispiele etwa aus dem Bereich der Anlageentscheidungen (Finanzen) oder der Personalauswahl ergänzen, allerdings dürfte Ihnen das Konzept inzwischen klargeworden sein.

▶ Zusammenfassend kann gesagt werden, dass Heuristiken nicht besser oder schlechter als wissensbasierte Entscheidungen sind. Vielmehr handelt es sich um eine Methode, Entscheidungen strukturiert zu treffen, bei dem der Entscheider kaum Zeit und/oder andere Ressourcen in geringer Anzahl zur Verfügung hat, das Risiko einer Fehlentscheidung im Raum steht (Fallhöhe für den Entscheider) und wenn die Entscheidung unter Unsicherheit getroffen wird, sprich wenn ein Mangel an Informationen besteht.

3.3 Statistische Effekte

Um die Praxisanwendungen im zweiten Teil dieses QuickGuides besser nachvollziehen und abermals das hier vorgestellte Konzept der wissensbasierten Entscheidungsfindung sachgemäß abgrenzen zu können, wollen wir hier kurz auf einige Probleme eingehen, die statistische Effekte erzeugen können. So wird demnach dringend empfohlen, sich mit den gängigsten statistischen Verfahren zu beschäftigen, um nicht, wie leider immer wieder zu beobachten, gewissen Fehlinterpretationen diverser Studien zu unterliegen.

Als Klassiker kann hier wohl der Unterschied zwischen Korrelation und Kausalität dienen. Immer wieder wird das eine mit dem anderen verwechselt bzw. Aussagen getroffen, die schlichtweg falsch sind. Bevor wir uns einige jener Beispiele ansehen, soll eine kurze Begriffsklärung erfolgen (vgl. Weihe 2018, S. 38):

- Als *Korrelation* kann eine Aussage über die Beziehung zwischen zwei Indikatoren verstanden werden, bis zu welchem Grad jene beiden Indikatoren parallel zueinander verlaufen.
- Als *Kausalität* wiederum gilt eine gerichtete Wechselwirkung zwischen den beiden Indikatoren. Dies kann etwa bedeuten, dass der eine Indikator eine (Mit) Ursache des anderen Indikators ist.

Als Indikator können diverse Kennzahlen, Variablen oder Messgrößen wie das Alter, das Einkommen oder die Sauerstoffsättigung im Blut von Patienten angesehen werden. Schauen wir uns nun einmal drei Beispiele an, in denen eine Vermischung bzw. Fehlinterpretation von Korrelation und Kausalität vorliegt. So kann es zum einen passieren, dass Sie schlechtere Kreditkonditionen in einem Wohngebiet bekommen als jemand mit einer schlechteren Bonität, nur, weil er woanders wohnt. Einige Indikatoren unterstellen nämlich eine Kausalität zwischen Zahlungsfähigkeit und Wohngebiet, was natürlich a priori nicht stimmt. Zum anderen gehen einige Ratgeber davon aus, dass es eine Kausalität zwischen gut gelaunten Optimisten und ihrer Gesundheit gibt, die besser sein soll als bei pessimistischen Menschen. Vielmehr könnte man vermuten, dass erstere Menschen optimistischer sind, *weil* sie sich bester Gesundheit erfreuen (vgl. ebd. S. 38 ff.).

Last, but not least, gibt es ein Beispiel, dass Frauen, die „Fifty Shades of Grey" gelesen haben, statistisch auffällige Persönlichkeitsmerkmale aufweisen und sich ihre Persönlichkeit durch die Lektüre verändert. Vielmehr, so folgert Weihe völlig zurecht richtig, scheint es wohl eher so zu sein, dass Frauen mit ganz bestimmten Persönlichkeitsmerkmalen, das Buch mögen – natürlich rein statistisch gesehen. Die genannten Beispiele sind einem Phänomen zuzuordnen, das als *Scheinkorrelation* bezeichnet wird. Die darin enthaltenen Korrelationen erwecken demnach nur den Schein einer kausalen Beziehung (vgl. ebd. S. 42). Besonders exotische Exemplare können Sie unter http://tylervigen.com/spurious-correlations einsehen. Dort findet Vigen zum Beispiel heraus, dass die US-Ausgaben für Wissenschaft, Raumfahrt und Technologie mit der Anzahl der Selbstmorde durch Hängen, Strangulieren und Ersticken korrelieren. Gleiches gilt auch für die Scheidungsrate im Bundesstaat Main und den Pro-Kopf-Verbrauch von Margarine in den USA. Durch das Fehlen eines plausiblen Zusammenhangs würden wir hier kaum in die Falle tappen, eine Kausalität zu vermuten, allerdings ist auch dann Vorsicht geboten, wenn eben jene Plausibilität gegeben ist.

Ein weiteres Problem sind Fehlinterpretationen von Studien. Hier berichtet Weihe etwa von einer Studie, die zu dem Schluss kommt, dass Raucherinnen länger leben als Nichtraucherinnen (vgl. ebd. S. 59). Sie runzeln zurecht die Stirn, denn tatsächlich dürfte das Gegenteil der Fall sein. Der wichtigste Indikator nämlich, das Alter, gibt hier den entscheidenden Hinweis. Tendenziell wächst der Anteil der Raucherinnen von Jahrgang zu Jahrgang, weil quantitativ immer mehr junge Frauen mit dem Rauchen anfangen. Das beutet, dass sich unter den Jahrgängen mit der höchsten Wahrscheinlichkeit, noch zwanzig Jahre zu leben, natürlich auch besonders viele Raucherinnen finden lassen.

Einem ähnlichen Trugschluss können Sie unterliegen, wenn Sie folgende Daten nicht korrekt statistisch interpretieren (vgl. ebd. S. 60 f.): Angenommen Sie ziehen eine Studie für eine Entscheidung zurate, mittels derer Sie sich für eine Therapie entscheiden wollen. In der Studie wurden verschiedene Probanden in zwei Gruppen eingeteilt. Als Indikator diente ein bestimmter Blutwert, der uns hier jedoch nicht weiter interessiert. Wichtig ist, dass in die erste Gruppe (L) Personen kamen, die durchschnittlich einen geringeren Wert hatten (also leichtere Fälle) und in die zweite Gruppe (S), mit einem entsprechend höheren Wert – die schweren Fälle. Bei Wirksamkeit der Therapie werden in beiden Gruppen Probanden den Schwellenwert unterschreiten und mithin von der Gruppe S zu L wechseln. Jetzt passiert folgendes: Die neuen Vertreter der Gruppe S bringen von Hause aus einen höheren Schwellenwert mit und erhöhen nun statistisch den Durchschnittswert der Gruppe. Umgekehrt verlassen die Teilnehmer mit den geringsten Werten die Gruppe L, was wiederum dazu führt, dass sich auch der Durchschnittswert der Gruppe L im Anschluss an die Therapie erhöht. Ohne diese differenzierte Betrachtung müsste man somit unweigerlich zu dem Schluss gelangen, dass die Therapie nicht nur nicht wirkt, sondern sogar schädlich ist.

Was lässt sich nun daraus lernen bzw. für die tägliche Praxis mitnehmen? Wie wir später erfahren werden treffen Sie u. a. dann gute Entscheidungen, wenn Sie relevante Informationen beschaffen. Ein Teil jener Informationen kann ja z. B. auch aus Statistiken bestehen oder aber aus Studien, die auf Statistiken fußen und/oder statistische Aussagen entsprechend interpretieren. Aus den genannten Gründen sei Ihnen demnach empfohlen, jede statistische Aussage kritisch zu hinterfragen, insbesondere dann, wenn sie ggf. das Zünglein an der Waage für Ihre Entscheidung ist. Wenn Ihnen statistische Verfahren eher fremd sind kann es mithin sehr zielführend sein, jemanden mit entsprechendem Hintergrundwissen um Rat zu fragen.

▶ Wie die genannten Beispiele zeigen können bereits kleine Fehler in der Interpretation dazu führen, dass Ergebnisse potenziell verfälscht oder gar völlig gegenteilig argumentieren. Schauen Sie demnach bei statistischen Aussagen stets auf die Stichprobe, die verwendeten Begriffe und hinterfragen Sie insbesondere die Ergebnisse, wenn die Studie nicht darauf eingeht, wie sie zu den entsprechenden Einschätzungen gelangt ist, etwa indem sie sich auf das verwendete Forschungsdesign bezieht.

3.4 Wissensbasierte, multikriterielle Entscheidungen

Nachdem wir über Heuristiken und verschiedene Entscheidungsarten gesprochen haben, können wir nun kurz auf die Entscheidungen eingehen, die im Folgenden besprochen werden sollen. Dabei handelt es sich um wissensbasierte, multikriterielle Entscheidungen, die zudem eine entsprechende Fallhöhe für den Entscheider besitzen. Letzteres kann mittels eines Ansatzes von Ullmann-Margalit verdeutlicht werden, die drei Arten von Entscheidungen herausarbeitet (vgl. Hübl 2019, S. 60):

1. **Picking**: meint etwa die Situation im Supermarkt, in der jemand nahezu automatisiert 4–5 Äpfel aus der Obsttheke nimmt.
2. **Choosing**: beschreibt etwas komplexere Fragen wie z. B. „Soll ich heute Mittag zum Griechen gehen, oder doch lieber zum Asiaten?"
3. **Opting**: zielt dann auf jene größeren Entscheidungen ab, die eine entsprechende Bedeutung für den Entscheider haben. Hierzu zählen Bereiche wie: Was soll ich studieren? Möchte ich Kinder haben? Welchen Standort wähle ich für mein Unternehmen?

Sie ahnen es vermutlich, hier geht es um Opting-Entscheidungen, eben jene Situationen, die für den Entscheider wirklich von Belang sind. Opting- (oder Feld vier) Entscheidungen (siehe Abschn. 3.1) rechtfertigen mithin erst den Aufwand, der in den folgenden Kapiteln beschrieben wird. Kaum jemand wird sich viel Mühe machen, eine Choosing oder gar eine Picking Entscheidung derart strukturiert anzugehen, wie es nachstehend empfohlen wird.

In Abschn. 1.1 hatten wir besprochen, warum uns einige Entscheidungen schwerer fallen als andere. Zumeist sind es jene Entscheidungen, in denen wir uns inhaltlich nicht auskennen, und da kommt das Wissen ins Spiel. Um die weiteren Ausführungen gut nachvollziehen zu können, soll zunächst eine kurze Begriffsklärung erfolgen. Abb. 3.2 zeigt auf, dass es offenkundig einen Unterschied zwischen Daten, Informationen und Wissen gibt.

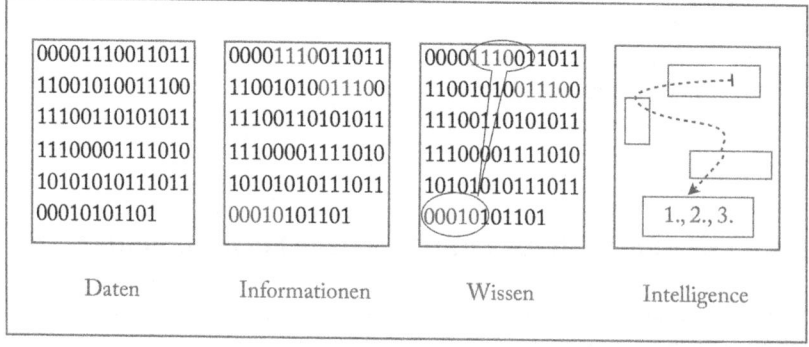

Abb. 3.2 Von Daten zu Intelligence

3.4 Wissensbasierte, multikriterielle Entscheidungen

Stark vereinfacht kann gesagt werden, dass Daten im Grunde genommen alle Zustände beschreiben, die wir wahrnehmen können (vgl. Pioch 2015, S. 167 ff.). Damit sind demnach Gerüche genauso gemeint wie die haptische Beschaffenheit von Oberflächen, wie auch Geräusche oder natürlich ebenfalls optische Objekte wie etwa das Zifferblatt einer Uhr. Natürlich existieren auch Daten, die Zustände beschreiben, die wir mit unseren Sinnen nicht wahrnehmen können (wie etwa Infrarotstrahlung) allerdings wollen wir das hier aus Gründen der Einfachheit vernachlässigen. Damit Daten zu Informationen werden können müssen sie eine gewisse Bedeutung für uns haben (vgl. ebd.).

Um beim Zifferblatt der Uhr zu bleiben könnte uns die Frage interessieren, wie spät es gerade ist. In diesem Moment wird aus dem Zifferblatt (das die Zeit anzeigt) eine Information. Interessiert es uns nicht wie spät es ist, bleibt das Zifferblatt ein Datum.

Was nun ist Wissen im Kontext einer Entscheidung? Ebenfalls stark vereinfacht wollen wir hier annehmen, dass Wissen Informationen sind, die mit Erfahrungen angereichert wurden. Hieraus lässt sich einerseits folgern, dass Wissen personengebunden ist und andererseits, dass kaum eine effizientere Übertragung von Wissen möglich wird, als durch den direkten und persönlichen Austausch, worauf wir später zurückkommen werden (vgl. Sultanow und Sonnenborn 2013, S. 80.).

Als Beispiel stellen Sie sich bitte vor, Sie müssten von Hamburg beruflich mit dem Auto nach Ulm reisen. Google verrät Ihnen drei Routen: Über Frankfurt, Heilbronn, oder Rothenburg. Welche Strecke sollen Sie nehmen? Ihnen fehlt die Erfahrung, welche Strecke besser ist. Wo sind weniger Baustellen? Wo staut es? Sie könnten einen Bekannten danach fragen, der diese Strecke häufiger fährt, oder beim ADAC anrufen, um an jenes Wissen zu gelangen.

Ferner kann auch das Wissen von Vielen (Wisdom of the Crowd) genutzt werden, um bessere Entscheidungen zu treffen, wie folgendes Beispiel zeigt: Francis Galton war zwar schon 85 Jahre alt, als er 1906 einen Viehmarkt besuchte – aber nicht zu alt, um seine eigene, lang gehegte These über den Haufen zu werfen. Der Forscher vertrat nämlich die Ansicht, dass das Fortbestehen und Gedeihen der menschlichen Gesellschaft von einer winzigen Elite abhängt. Die Masse sei einfach zu dumm. Auf dem Markt widerlegte Galton sich selbst.

Dort galt es, das Gewicht eines Ochsen zu schätzen. Rund 800 Besucher gaben ihren Tipp ab – Experten ebenso wie komplette Ignoranten. Galton besorgte sich die Tippzettel, addierte alle Schätzungen, teilte die Summe durch die Zahl der Besucher und kam auf einen Durchschnittswert von 1197 Pfund. Was ihn komplett verblüffte: Der Ochse wog exakt 1198 Pfund.

Die Qualität der Entscheidung hängt davon ab, nach welchen Regeln die Gruppen funktionieren. Es gibt bestimmte Stellschrauben: Sie lauten: *Diversität, Un-*

abhängigkeit, Dezentralisierung und *Crossfunktionalität*. Nichts ist etwa für ein Unternehmen schädlicher als eine Entscheider-Riege ähnlich tickender Manager. Um sinnvolle strategische Ziele festzulegen, gibt es nichts Klügeres, als eine *heterogen zusammengesetzte Gruppe* diese Ziele finden zu lassen und somit deren Wissen zu nutzen.

Fehlt noch ein Begriff aus der obigen Abbildung – *Intelligence*. Hierbei handelt es sich nicht um Intelligenz, sondern vielmehr um den Prozess der Informationsbeschaffung, der eine Entscheidung vorbereiten bzw. absichern will. Sie haben sicher schon von der CIA gehört, die als Central Intelligence Agency u. a. Entscheidungen amerikanischer Politiker unterstützt. Aber auch in dem Kürzel BI für Business Intelligence ist es enthalten. Hier geht es darum, mittels Algorithmen Muster in firmeneigenen Daten zu erkennen, um z. B. logistische Prozesse zu optimieren.

Wenn Sie so wollen betreiben Sie also stets dann Intelligence, wenn Sie Informationen beschaffen, welche eine Entscheidung vorbereiten bzw. absichern sollen. Wie das im Einzelnen geschieht besprechen wir im nächsten Kapitel.

Da Sie ja sicherlich aufmerksam die Überschrift dieses Unterkapitels gelesen haben ist Ihnen nicht entgangen, dass da noch ein weiterer Begriff steht – nämlich *multikriteriell*. Damit sind Entscheidungen gemeint, bei denen die Optionen mit mehr als einem Kriterium beschrieben werden. Die Entscheidung also, ob ich mit meinem alten Diesel in eine Umweltzone fahren sollte hängt einzig und allein von dem Kriterium ab, ob ich die vorgeschriebene Euronorm erfülle, oder eben nicht. Die in den nachfolgenden Abschnitten diskutierten Entscheidungen widmen sich jedoch stets Sachverhalten, in denen die Optionen multikriteriell beschrieben werden.

▶ Zusammenfassend kann also festgehalten werden, dass wissensbasierte, multikriterielle Entscheidungen Situationen beschreiben, die eine entsprechende Bedeutung für den Entscheider haben, in denen Informationen und Wissen beschafft werden soll, um eine gute Entscheidung zu ermöglichen, und bei der die zur Verfügungen stehenden Optionen mit mehr als einem Kriterium beschrieben werden.

Ihr Transfer in die Praxis

- Vergegenwärtigen Sie sich den Unterschied zwischen Heuristiken und der wissensbasierten Entscheidungsfindung. Beides hat Vorteile für verschiedene Arten von Entscheidungen.

- Die wissensbasierte Entscheidungsfindung eignet sich insbesondere für Opting-Entscheidungen, welche für den Entscheider eine große Bedeutung haben.
- Das Wissen um statistische Effekte hilft dabei, bessere Entscheidungen zu treffen, da Aussagen und Quellen kritischer hinterfragt werden. ◄

Literatur

Christ, M., Grossmann, F., Winter, D., Bingisser, R., & Platz, E. (2010). Triage in der Notaufnahme – Moderne, evidenzbasierte Ersteinschätzung der Behandlungsdringlichkeit. aerzteblatt.de: https://www.aerzteblatt.de/archiv/79711/Triage-in-der-Notaufnahme. Zugegriffen am 03.12.2020.

Gigerenzer, G., & Gaissmaier, W. (2011). Heuristic Decision Making. *Annual Review of Psychology, 62*, 451–482.

Hübl, P. (2019). Wer ist meine innere Stimme? Hat bei unseren Entscheidungen das Ich das Sagen – oder doch eher das Es? *philosophie Magazin*, 58–63.

Kahnemann, D. (2011). *Schnelles Denken, langsames Denken*. München: Siedler.

Meilwes, F. (2017). Safety Clip: Ersteinschätzungssysteme in der Notaufnahme. bdc.de: https://www.bdc.de/safety-clip-ersteinschaetzungssysteme-in-der-notaufnahme/. Zugegriffen am 01.04.2017.

Pioch, S. (2015). *trojanized: Ein verblüffend wirksamer Weg, um den passenden Job zu finden*. Hamburg: tredition.

Rosenzweig, P. (2014). Was in der Praxis funktioniert. *Harvard Business Manager*, 24–31.

Sultanow, E., & Sonnenborn, H.-P. (2013). Entscheidungsrelevanz und Personengebundenheit als diffizile Wissenseigenschaft. *Information Management und Consulting, 2*, 76–82.

Weihe, K. (2018). *Fundiert entscheiden: Ein kleines Handbuch für alle Lebenslagen*. Berlin/Heidelberg: Springer.

4 Informationsbeschaffung und Wissensarbeit

▶ **Was Sie aus diesem Kapitel mitnehmen**

- Warum das Deep-Web eine so wertvolle Quelle ist und was Sie mit Google alles verpassen.
- Wie Sie geeignete Experten finden, die Ihnen dabei helfen, gute Entscheidungen zu treffen.
- Warum Wissen im Unternehmen sichtbar gemacht werden sollte, anstatt es für sich zu behalten.

Nachdem unterschieden wurde, worum es sich bei Informationen und Wissen handelt, wollen wir uns nun kurz mit den wichtigsten Aspekten der Informationsbeschaffung und der Wissensarbeit beschäftigen. Hier gilt es freilich festzustellen, dass, obgleich sich die Prozesse doch sehr ähneln mögen, eine entsprechende Unterscheidung vorgenommen werden muss, ob es sich um private Entscheidungen handelt, ob diese unternehmerisch getroffen werden. So variieren zum einen unterschiedliche Ziele, verschiedene in den Entscheidungsprozess zu integrierende Personen bzw. Stakeholder, unterschiedliche Budgets und Zeithorizonte.

4.1 Methoden der Intelligence

Ausgehend davon, dass Informationen Daten sind, welche die Ungewissheit einer Person ob einer bestimmten Fragestellung reduzieren, sollte initial eine entsprechende Analyse erfolgen, welche Daten denn überhaupt zur Information werden können. Bezogen auf das erarbeitete übergeordnete Ziel einer Entscheidung bedeutet das demnach, dass sich der bzw. die Entscheider zunächst damit befassen sollten, welche Informationen ihnen helfen würden, die Qualität der Entscheidung zu verbessern und welches Wissen sie zudem benötigen, also welche Erfahrungswerte Dritter hilfreich sein können.

Wie der Abb. 4.1 zu entnehmen ist, sollte man nach erfolgter Planung zunächst verschiedene Internetquellen sichten. Mit dem *surface web* sind hier alle Online-Quellen gemeint, die den sogenannten *crawlbaren* Teil des Web ausmachen (vgl. Pioch 2015, S. 179 f.). Damit ist jener Teil des Web gemeint, der durch Suchmaschinen indexiert wird und durchsucht werden kann. Vereinfacht gesagt könnte man ausführen, dass das surface web den Teil abbildet, den Google findet. Wichtig für Sie sind hier zwei Aspekte:

1. *Die Suche ist kostenlos.* Inhalte im surface web kosten grundsätzlich nichts. Dazu zählen Plattformen wie Wikipedia, Blogs, Vergleichsportale, oder etwa Anbieter-Webseiten, die für verschiedene Produkte werben. Im surface web können Sie sich ein gutes Überblickswissen verschaffen, um ein grundlegendes Verständnis bzgl. desjenigen Bereiches zu erlangen, dem die Entscheidung thematisch zugeordnet werden kann.

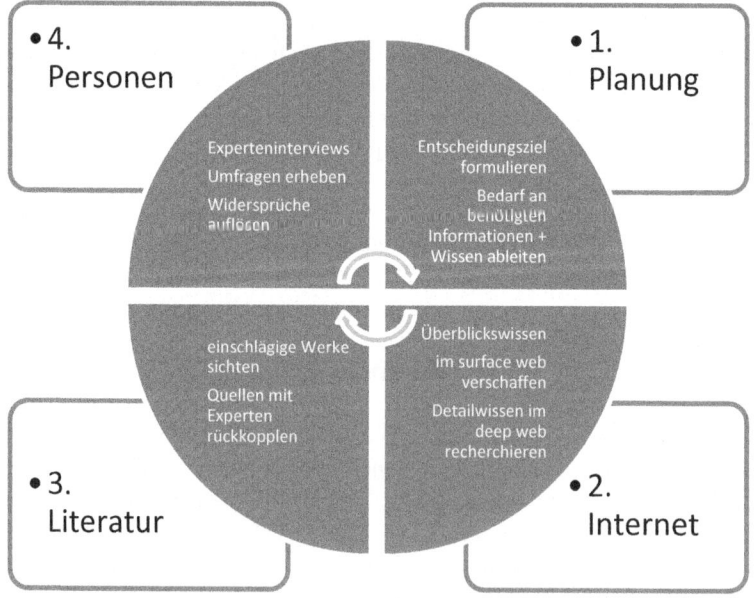

Abb. 4.1 Der Intelligence-Cycle

4.1 Methoden der Intelligence

2. *Die Qualität ist oft fragwürdig.* Auch wenn es, wie wir später sehen werden, exzellente Quellen im surface web gibt, so muss sich der Rechercheur doch darüber im Klaren sein, dass im Internet jeder die Dinge so darstellen kann, wie er sie für richtig hält. Die veröffentlichten Angaben sind selten verifiziert oder halten wissenschaftlichen Standards stand.

Dennoch eignet sich das surface web, um einen ersten Eindruck der existierenden Grundlagen zu bekommen. Der Suchende wird, einigen Fleiß vorausgesetzt, wiederholt auf dieselben Namen von Autoren stoßen, oder Erkenntnisse auf verschiedenen Plattformen finden. Somit lassen sich zumindest die gröbsten Fehleinschätzungen vermeiden. In den Anwendungsfällen im Praxisteil dieses QuickGuides werden zum Teil auch thematisch passende Empfehlungen für seriöse Quellen genannt.

Nachdem der Rechercheur sich einen entsprechenden Überblick verschafft hat wird empfohlen, im so genannten *deep web* nach verdichteten bzw. ergänzenden Informationen zu suchen. Als deep web wird der Teil des Webs bezeichnet, der nicht durch Suchmaschinen indexiert wird. (vgl. ebd.). Auch hier lassen sich zwei Merkmale ableiten:

1. *Die Inhalte sind (meistens) kostenpflichtig:* Auch, wenn Bibliothekskataloge (OPACs) Teil des deep web sind, so führen sie doch zumeist nur zu bibliografischen Angaben und weniger zu den direkten Inhalten (und wenn doch sind diese Inhalte i. d. R. zugangsbeschränkt). Vielmehr sind hier Quellen gemeint wie Zeitungsarchive, kostenpflichtige Datenbanken oder Portale wie zum Beispiel *Genios* bzw. *Statista.*
2. *Die Qualität der Quellen ist oft hochwertig:* Auch, wenn nicht alle Produkte die kostenpflichtig sind a priori auch eine hohe Qualität versprechen, so kann doch davon ausgegangen werden, dass die Inhalte aus deep web-Quellen hinsichtlich der Informationsqualität jenen aus dem surface web überlegen sind. Hintergrund ist, dass die Informationen zumeist redaktionell aufbereitet sprich verifiziert wurden, und/oder aus wissenschaftlichen Studien stammen.

Der dritte Bereich, die Literatur, lässt sich seit intensiver Ausbreitung der verschiedenen Online-Angebote nicht mehr klar von Quellen aus dem Web abgrenzen. So sind doch viele Monografien als eBook verfügbar, oder aber in leicht konsumierbare Informationsprodukte überführt. Hier seien Anbieter wie *Getabstract* oder *Blinkist* erwähnt, welche Zusammenfassungen erfolgreicher Sachbücher anbieten. Bezüglich der Auswahl der zu sichtenden Literatur wird empfohlen, eine Vorauswahl, die z. B. in einem Bibliothekskatalog oder bei Anbietern wie Amazon recherchiert wurde, mit Experten insoweit abzugleichen, als dass diese befragt werden, welche der Bücher gelesen werden sollten, welche eher nicht und welche man ggf. nicht gefunden hat, die aber dennoch sehr relevant sind.

Da man, um sich ein komplexes Thema grundlegend zu erschließen, vermutlich eine Vielzahl an Quellen lesen muss, wird hier empfohlen, Schnelllesetechniken zu erlernen. Diese sind zwar völlig fehl am Platze, wenn man den neuen Roman seiner Lieblingsautorin genießen möchte, umgekehrt aber von unschätzbarem Wert, um schnell die Kernaussagen der beschafften Quellen zu extrahieren.

Nachdem nun relevante Online- und Offline-Quellen gesichtet wurden, sollte der Rechercheur über ein entsprechendes Grundwissen verfügen, um damit beginnen zu können, mit Experten verbleibende Fragen zu diskutieren. Es wird ihm nun möglich sein, die *richtigen* Fragen zu stellen und die Antworten nachvollziehen zu können. Dem Grundsatz folgend, mehrere Quellen zu sichten, wird auch hier empfohlen, mehrere Expertenmeinungen einzuholen. Nicht selten weichen deren Meinungen nämlich stark voneinander ab, weshalb dieser Hinweis gar nicht zu oft wiederholt werden kann.

Viele Entscheidungen, gerade im geschäftlichen Kontext, erfordern es, nicht nur qualitative Befragungen durchzuführen, sondern auch quantitativ zu forschen. Insbesondere wenn es darum geht, Entscheidungen im Rahmen innovativer Produktneuerungen zu treffen, bieten sich quantitative Methoden an, um die Ergebnisse qualitativer (Kunden-)Befragungen abzusichern bzw. zu ergänzen.

Mit dem zuvor skizzierten Prozess der hybriden (also auf mehreren Quellenarten basierenden) Informationsbeschaffung lassen sich ganze Bücher füllen. Auch wenn im Praxisteil einige Rechercheempfehlungen gegeben werden, kann hier mit Verweis auf den Umfang eines QuickGuides nur eine einführende Sensibilisierung erfolgen, die Kunst der Informationsbeschaffung zu erlernen. Jener Beschaffungsphase schließt sich dann noch die Analyse und Auswertung der beschafften Informationen an. Sind die Informationen plausibel und durch mehrere Quellen belegt? Konnten etwaige Widersprüche aufgeklärt werden? Sind evtl. neue Fragen entstanden, weil sich durch die Recherche ganz neue Optionen ergeben haben (vgl. Abschn. 2.1)? Nicht selten ist es erforderlich, den Prozess aus 3.3 daher mehrfach zu wiederholen, um ein schlüssiges Gesamtbild zu bekommen. Daher wird auch deutlich, dass dieses Vorgehen nur bei wirklich bedeutenden Entscheidungen in einem adäquaten Aufwand-Nutzen-Verhältnis steht.

▶ Informationen sollten nach erfolgter Klärung des übergeordneten Entscheidungsziels und des sich daraus ergebenden Informationsbedarfs in verschiedenen Quellen (hybrider Ansatz) in folgendem Zyklus beschafft werden:

Überblickswissen im surface web, Detailwissen im deep web, Expertenwissen durch qualitative Interviews, Wissen von Vielen durch quantitative Umfragen.

4.2 Wissensarbeit zur Entscheidungsunterstützung

Bevor nachstehend der gesamte Entscheidungsprozess einmal theoretisch besprochen wird, sollen hier noch einige Hinweise zur sachgemäßen Wissensarbeit gegeben werden. Auch hier können freilich nur einführende Aspekte beleuchtet werden, um dem Ansatz eines QuickGuides gerecht zu werden. Wissensarbeit findet vorwiegend in Unternehmen statt, weniger in der privaten Anwendung. Hintergrund ist, dass Entscheidungen in Unternehmen zumeist die Belange einer Vielzahl von Menschen tangieren, wohingegen private Entscheidungen nur Einzelne betreffen bzw. in Familien getroffen werden.

Mithin ist auch die Wissensarbeit in Unternehmen deutlich komplexer als im privaten Umfeld. Wissensarbeit soll hier so verstanden werden, dass das in Organisationen vorhandene Wissen erfasst, aufbereitet und niederschwellig zur Verfügung gestellt wird, um u. a. Entscheidungen zu verbessern. Um hier ein grundlegendes Verständnis zu erzielen sollen zunächst die vier gängigen Wissenszustände benannt werden (vgl. Pioch et al. 2018, S. 47 f.):

1. Jemand weiß was, er weiß.
2. Jemand weiß, was er nicht weiß.
3. Jemand weiß nicht, was er weiß.
4. Jemand weiß nicht, was er nicht weiß.

Aus den genannten Zuständen wird deutlich, dass es einer strukturierten Wissensarbeit bedarf, um etwaig vorhandene Unklarheiten aufzulösen und mithin für Transparenz zu sorgen bzw. um ein entsprechendes Bewusstsein zu erlangen. Hier wird empfohlen, in Unternehmen eine interne *Wissenslandkarte* zu erstellen. Damit ist gemeint, dass ein interner Mitarbeiter damit beauftragt wird, möglichst viele Mitarbeiterinnen und Mitarbeiter strukturiert in Audits zu befragen, wie es etwa Dalkir vorschlägt (vgl. Dalkir 2011, S. 318 ff.). Jene Interviews fördern zum Beispiel zu Tage, über welches Primär- und Sekundärwissen Mitarbeiter verfügen, welches Wissen sie zur Erfüllung ihrer Aufgaben benötigen, wo sie sich fehlendes Wissen beschaffen und welche Unterstützung sie sich wünschen.

Mittels moderner Technologien ist es heutzutage möglich, jene Wissenslandschaft digital abzubilden. So bietet etwa die Online-Anwendung *keeeb.com* ein

Browser-PlugIn an, das einem Mitarbeiter beispielsweise einen Hinweis gibt, dass bereits interne Dokumente zu einem Thema existieren, nachdem er gerade googelt. Dies fördert u. a. den niederschwelligen internen Mitarbeiteraustausch, reduziert Kosten (z. B. Zeit oder im Rahmen der Beschaffung externen Wissens) und kann somit die Qualität von Entscheidungen signifikant steigern.

Hierzu ist es freilich vonnöten, dass seitens der Unternehmensführung eine Kultur geschaffen wird, die den Austausch von Wissen fördert. Leider ist in den Köpfen vieler Mitarbeiter noch die Einstellung vorhanden, das eigene Wissen lieber zu horten, als es den Kollegen zur Verfügung zu stellen. Ursächlich können u. a. Ängste sein, dadurch einen etwaig vorhandenen Expertenstatus zu verlieren. Genau hier ist Führung gefragt, um einen entsprechenden Einstellungswandel voran zu treiben.

Aber auch im privaten Bereich kann jeder eine zielführende Wissensarbeit leisten. Jeder hat ein mehr oder weniger umfassendes soziales Netzwerk, das er ggf. auch in digitalen Plattformen wie Facebook, LinkedIn oder Instagram organisiert. Um hier ein Netzwerk aufzubauen, das in entsprechenden Situationen auch bereit ist, mit relevantem Wissen bei Entscheidungen zu unterstützen, empfiehlt Gale beispielsweise eine *Geben, geben, bekommen-Methode* (vgl. Gale 2014, S. 91 ff.). Diese sieht vor, Networking so zu gestalten, dass man Dritten zunächst mehrere Male selbst von Nutzen sein sollte, bevor man diesen um Hilfe bittet. Nur zu oft sind Sätze zu hören wie: „Der meldet sich nur, wenn er etwas will!". Erfolgreiches Netzwerken ist also keine Einbahnstraße, sondern gelingt dann, wenn beide Seiten einen Nutzen davon haben.

> **Beispiel**
>
> Erfahrungen Dritter in Form von Wissen sind von unschätzbarem Wert für gute Entscheidungen. Um jedoch auf jenes Wissen zugreifen zu können, muss klar sein, wo es sich befindet. In Unternehmen sollte das Wissen der Mitarbeiter daher in Wissenslandkarten erfasst und organisiert werden, damit alle davon partizipieren können. Im privaten Bereich wird empfohlen, ein umfassendes Netzwerk dergestalt aufzubauen, dass man zunächst erst einmal selbst von Nutzen ist, bevor man Dritte um Hilfe bittet. ◄

> **Ihr Transfer in die Praxis**
>
> - Vergegenwärtigen Sie sich, dass Sie mit Google nicht alles finden können und Sie zusätzlich auch im Deep Web recherchieren sollten.

- Bereiten Sie sich darauf vor, gerade von Experten widersprüchliche Aussagen zu erhalten und verwenden Sie daher einen hybriden Quellen-Mix bei der Recherche.
- Erstellen Sie im Unternehmen eine Wissenslandkarte um sichtbar zu machen, welches Wissen wo im Unternehmen existiert. ◄

Literatur

Dalkir, K. (2011). *Knowledge management in theory and practice.* London: MIT Press.
Gale, P. (2014). *Du bist, wen du kennst: Warum gezieltes Networking lukrativ für Sie ist.* Kulmbach: Books4Success.
Pioch, S. (2015). *trojanized: Ein verblüffend wirksamer Weg, um den passenden Job zu finden.* Hamburg: tredition.
Pioch, S., Sonnet, D., & Blenski, B. (2018). *Die digitale Achillesferse – Wie mittelständische Unternehmen die Chancen der Digitalisierung nutzen können. Ein Praxisleitfaden.* Hamburg: tredition.

Der Entscheidungsprozess 5

▶ **Was Sie aus diesem Kapitel mitnehmen**

- Wie Sie Schritt für Schritt vorgehen, um wissensbasiert komplexe Dinge zu entscheiden.
- Welche Methoden es gibt, um Kriterien zu gewichten.
- Welches die wichtigsten Entscheidungsfehler sind und wie Sie sie vermeiden können.

Auf den folgenden Seiten soll nun der Prozess theoretisch beschrieben werden, welcher aus Sicht des Autors am ehesten geeignet ist, um Feld vier- bzw. um Opting-Entscheidungen zielführend zu treffen. Jenen Empfehlungen liegt die Sichtung der aktuellen Literatur zugrunde, welche auch im Rahmen der Entwicklung des bereits erwähnten Online-Tools *proofler.com* (das nach dem hier skizzierten Prinzip arbeitet) zugrunde liegen. Der nachfolgende Prozess kann als Mischung diverser Methoden wie etwa der klassischen Pro- und Contra-Liste, Entscheidungsmatrixen- bzw. -bäumen oder aber wie der Nutzwertanalyse angesehen werden. Er bedient sich aber auch der Integration von Intuition. Hier kann ein entscheidender Unterschied zu vielen Diskussionen in der Literatur gesehen werden, da oftmals überlegt wird, entweder rational, oder intuitiv zu entscheiden (vgl. Markwardt 2019, S. 46 f.). Hier wird eindeutig empfohlen, *beide* Systeme, sowohl 1 (Intuition) als auch 2 (Rationalität) zu nutzen. Gepaart mit einer gut durchdachten Zielklarheit, die auf den persönlichen Werten beruht, integriertem Wissen und einem gesunden Zögern, lassen sich, wie nachstehend ausgeführt wird, die meisten Entscheidungsfehler vermeiden. Ferner basiert er auf der Idee, komplexe Entscheidungen in zwei Phasen zu unterteilen. Geht es in der ersten Phase zunächst darum, offen zu denken und verschiedene Optionen zu finden, soll in der zweiten Phase ein entsprechender Konsens erreicht werden (vgl. Johnson 2018, S. 21).

5.1 Ziel definieren

In Kap. 2 haben wir bereits diskutiert, warum es so wichtig ist, das übergeordnete Ziel einer Entscheidung in Ruhe zu formulieren (und ggf. zu hinterfragen), bevor der eigentliche Entscheidungsprozess beginnt. Jener Ansatz wurde u. a. von Keeney geäußert, den er *value-focused thinking* nennt (vgl. Keeney 1996, S. 543 ff.). Ähnlich wie bei Lukas' Entscheidung für einen Masterstudiengang, bei der das übergeordnete Ziel seiner Entscheidung kein Masterabschluss, sondern ein erfüllender Job war, kann Keeneys Ansatz wie folgt vereinfacht dargestellt werden.

Angenommen Sie möchten am Samstagabend einen Film sehen und fragen Ihren Partner, nach welchem Genre ihm der Sinn steht. Sie durchforsten dann Ihre DVD-Sammlung und suchen anschließend, nachdem Sie im DVD-Regal nichts Passendes gefunden haben, bei Netflix & Co. weiter. Leider bleibt auch dort die Suche erfolglos, Sie können sich auf keinen Film einigen, der Ihnen beiden gleichsam zusagt.

Keeneys Ansatz, der hier mithin zur strategischen Zielverfolgung empfohlen wird, besagt nun, nicht etwa einen Kompromiss bei der Filmauswahl zu machen, sondern vielmehr die Quellen zu erweitern. Dabei geht er ähnlich vor wie die Heath-Brüder (vgl. Abschn. 1.1). Ein Kompromiss würde ggf. dazu führen, dass Sie Zeit sparen und in den kommenden Minuten damit beginnen, einen Film zu sehen, der einem von Ihnen beiden nur bedingt zusagt. Das Risiko könnte sein, dass Sie sich deswegen womöglich tagelang streiten. Wenn in Ihrem Wertesystem nämlich Harmonie und Gleichberechtigung eine sehr große Rolle spielt könnten Sie den Suchraum der Optionen erweitern – auf gut Deutsch: Sie ziehen sich an und gehen ins Kino.

Vielleicht läuft auch dort kein Film, der Ihnen beiden zusagt, aber Sie werden evtl. gleichsam glücklicher mit der Entscheidung sein, da Sie alles im Verhältnis stehende getan haben, um dem übergeordneten Ziel Ihrer Entscheidung gerecht zu werden. Dieses hieß nämlich in diesem Fall *einen schönen gemeinsamen Filmabend* zu verbringen und nicht, sich zwischen *DVDs und Netflix* zu entscheiden.

▶ Nehmen Sie sich ausreichend Zeit, um sich Klarheit hinsichtlich des übergeordneten Ziels zu verschaffen. Formulieren Sie das Ziel schriftlich und hängen es sichtbar an dem Platz auf, an dem Sie sich mit Ihrer Entscheidung beschäftigen. So gelingt es Ihnen immer wieder zum Kern Ihrer Entscheidung zurückzugelangen, sollten Sie sich ggf. auf dem Weg *verlaufen*.

5.2 Optionen recherchieren

Möglicherweise fragen Sie sich, warum zunächst empfohlen wird, denkbare Optionen zu recherchieren, bevor im nächsten Schritt die persönlichen Kriterien vergeben werden. Tatsächlich ist es so, dass es da nicht *die* beste Reihenfolge gibt. Es sind Fälle denkbar, in denen erst durch die Vergabe von Kriterien geeignete Optionen auffindbar werden (z. B. beim Reisen), umgekehrt kann es ebenso sinnvoll sein, zunächst nach Optionen zu suchen und anschließend die Kriterien zu vergeben.

Wie so oft kommt es auf die jeweilige Situation an. Möglicherweise sind bestimmte Optionen gegeben, sodass hier bereits feststeht, zwischen welchen Alternativen sich entschieden werden muss (z. B. es haben sich fünf potenzielle Mitarbeiter auf die ausgeschriebene Stelle beworben). Ebenso ist denkbar, dass die Kriterien bereits feststehen, mittels derer einige Optionen evtl. gar nicht infrage kommen (ein Pflegeheim muss vegetarische Kost anbieten, da das Elternteil, für das ein Heim gefunden werden soll, Vegetarier ist).

Generell kann gesagt werden, dass sämtliche in dem hier empfohlenen Prozess skizzierten Schritte nicht starr genauso umgesetzt werden müssen. Möglicherweise ergeben sich zu einem späteren Zeitpunkt neue Optionen, evtl. fallen bestehende weg, vielleicht ändern sich aber auch bereits vergebene Gewichtungen, da sich im Zuge der Recherche eine neue Sicht auf die Dinge ergeben hat. Insofern ist zu empfehlen, dem Prozess eine gewisse Flexibilität beizumessen.

Grundsätzlich wird jedoch empfohlen, wie in Abschn. 1.1 angedeutet, mindestens drei Optionen zu finden, um eine *entweder-oder-Entscheidung* zu vermeiden. Gewiss, es existieren Situationen, in denen tatsächlich lediglich zwei Optionen möglich sind, wenn man z. B. an den Umgang mit einer ungewollten Schwangerschaft denkt. Hier kann man das Kind nur bekommen, oder abtreiben, etwas anderes ist nicht möglich. Glücklicherweise trifft dies auf die allerwenigsten Situationen zu, sodass die Empfehlung ausgesprochen werden kann, dass, bevor nicht mindestens drei-vier Optionen zur Auswahl stehen, man gar nicht erst damit beginnen sollte, sich inhaltlich mit ihnen zu beschäftigen, sondern vielmehr zunächst nach weiteren Möglichkeiten suchen sollte, bis eine entweder-oder-Entscheidung ausscheidet.

Gleiches gilt auch für das Einbeziehen von geeigneten Experten. Auch hier ist denkbar, dass Experten bereits in diesem sehr frühen Stadium der Entscheidungsfindung hinzugezogen werden, um auf relevante Optionen zu kommen. Die Erfahrung zeigt jedoch, dass dafür der beste Zeitpunkt für gewöhnlich der ist, wenn der/die Entscheider das übergeordnete Ziel definiert, erste Optionen recherchiert und entsprechende Kriterien vergeben hat. Um eine Übersichtlichkeit des Entscheidungsprozesses zu gewährleisten sollten nicht mehr als 5–6 Optionen in die engere Wahl gelangen. Fällt das schwer, können hier (Ausschluss-)Kriterien helfen, um wie ein Filter die Anzahl der Optionen zu reduzieren.

5.3 Kriterien vergeben

Wie wir im Praxisteil sehen werden ist es keine Seltenheit, dass Entscheider die Kriterien, welche wirklich maßgeblich sind, um im Sinne des vergebenen übergeordneten Ziels eine gute Entscheidung zu treffen, gar nicht kennen. Dies korreliert mit dem ebenfalls bereits zu Beginn dieses QuickGuides angesprochenen Umstands, dass uns einige Entscheidungen deshalb schwerer fallen als andere, weil wir uns mit ihnen inhaltlich nicht auskennen. Mithin vergeben wir auch manchmal die *falschen* Kriterien. Daher kann es sinnvoll sein, zunächst die in Kap. 4 beschriebenen Schritte zur Informationsbeschaffung zu vollziehen, um überhaupt auf geeignete Optionen sowie Kriterien zu stoßen. Ferner kann man Experten zielführendere Fragen stellen und versteht deren Hinweise besser.

Es kann empfohlen werden, nicht weniger als drei und nicht mehr als sechs Kriterien zu vergeben. Hintergrund jener Erfahrungswerte des Autors ist zum einen die Komplexität und die sich daraus ergebende Praktikabilität von Entscheidungen. Umso mehr Optionen mit noch mehr Kriterien ins Verhältnis gesetzt werden, desto unübersichtlicher wird das ganze Konstrukt für den Entscheider. Zum anderen ist es auch so, dass bei zu vielen Kriterien die vorgenommene Gewichtung, auf die wir gleich eingehen werden, so stark verwässert, dass mithin einzelne Kriterien kaum noch zum Tragen kommen. Bei Teamentscheidungen sollten daher sogar nur max. fünf Kriterien vergeben werden.

5.4 Gewichtungen vornehmen

Um Optionen dezidiert bewerten zu können gibt es neben der einfachen Bewertung (Erfüllungsgrad von Kriterien werden mit Schulnoten bewertet) auch die Möglichkeit der gewichteten Bewertung. Jenes Verfahren ist u. a. auch als Nutzwertanalyse

5.4 Gewichtungen vornehmen

bekannt und soll hier daher nur kurz skizziert werden. Vor dem Hintergrund, dass die hier beschriebenen Entscheidungen eine entsprechende Tragweite für den Entscheider haben wird empfohlen, die gewichtete Bewertung der einfachen Bewertung nach Schulnoten vorzuziehen.

Um die Verfahren besser unterscheiden zu können sollen sie anhand eines Beispiels verglichen werden. Als Ausgangssituation möge sich der Leser vorstellen, dass ein Elternteil inzwischen gesundheitlich so angeschlagen ist, dass eine Unterbringung in einem Pflegeheim nun die beste Lösung für alle Beteiligten zu sein scheint. Daher möchten Sie nun die Entscheidung für die drei infrage kommenden Pflegeheime treffen. Von den insgesamt sechs Heimen in Ihrem Ort haben lediglich die drei zur Auswahl stehenden Einrichtungen entsprechende Vakanzen.

Als Kriterien und Präferenzen haben Sie sich folgendes überlegt (siehe auch Tab. 5.1):

1. Entfernung zu Ihrer Wohnung (Sie mögen kurze Wege)
2. Freizeitangebote (Ihre Mutter ist zwar nicht mehr mobil, langweilt sich aber schnell)
3. Kosten für die Unterbringung (die Rente Ihrer Mutter lässt nicht jedes Heim zu)

Um den Prozess der Gewichtung besser nachvollziehen zu können tun wir hier einmal so, als hätten Sie erste Schritte der im nachfolgenden Unterkapitel skizzierten Phasen zur Informationsbeschaffung bereits abgeschlossen und haben folgendes in Erfahrung gebracht:

Die angegebenen Daten sind allesamt fiktiv, sie dienen nur der Veranschaulichung. In der einfachen Bewertung würden Sie nunmehr lediglich Schulnoten vergeben, und anschließend jeweils ein arithmetisches Mittel bilden. Das könnte dann so aussehen:

Kriterien	Heim 1	Heim 2	Heim 3
Entfernung zu Ihrer Wohnung	1	2	4
Freizeitangebote	3	5	1
Kosten pro Monat	4	3	2
Notendurchschnitt (rund)	2,7	3,3	2,3

Tab. 5.1 Beispieldaten für Heim-Entscheidung

Kriterien	Heim 1	Heim 2	Heim 3
Entfernung zu Ihrer Wohnung	1,4 KM	2,3 KM	4 KM
Freizeitangebote	2 Ausflüge pro Monat	Bingo-Spielen	Musizieren
Kosten pro Monat	650,- €	720,- €	580,- €

Sie haben beispielsweise das Freizeitangebot von Heim 3 mit einer 1 bewertet, weil Sie wissen, dass Ihre Mutter das Musizieren liebt usw. So sind die aufgeführten Noten entstanden und Heim 3 hätte mit 2,3 die beste Bewertung erreicht. Nun ist es allerdings so, dass *Sie* als Vormund die Entscheidung treffen müssen, in welches Heim Ihre Mutter geht. Was die Bewertung nämlich nicht widerspiegelt ist eine Gewichtung der einzelnen Kriterien. So sehr Sie Ihrer Mutter gönnen, dass sie in ihrem neuen Zuhause an Musikkursen teilnimmt, so wichtig ist es Ihnen jedoch auch, dass Sie das Heim zu Fuß erreichen können, weil Sie kein Auto besitzen und da ist eine Entfernung von 4 Kilometern schon sportlich.

Daher wird hier die Methode der gewichteten Bewertung empfohlen, welche derartige Präferenzen berücksichtigt. Auch hier existieren mehrere Modelle. Aus Gründen der Einfachheit soll hier lediglich ein Ansatz besprochen werden. So ist etwa denkbar, jedem Kriterium einen Gewichtungsschlüssel zuzuteilen, wobei alle Kriterien zusammen 100 % ergeben. Nun wird auch ersichtlich, warum die Vergabe von 10 oder gar 20 Kriterien wenig Sinn ergeben, da sie rechnerisch kaum mehr eine Bedeutung hätten. Basierend auf einer Vorlage von Frahm kann der Abb. 5.1 entnommen werden, wie sich eine entsprechende Gewichtung der Kriterien auf das Ranking der am besten geeigneten Option auswirkt:

Ergänzend muss erwähnt werden, dass, anders als bei der einfachen Bewertung mittels Schulnoten, bei der gewichteten Bewertung der Erfüllungsgrad[1] der Optionen hier mit 1 (Erfüllungsgrad sehr schlecht) bis 10 (Erfüllungsgrad sehr gut) vorgenommen wird. Daher ist bei diesem Verfahren auch der höhere Wert besser als

*)			Optionen				
			Heim 1		Heim 2		Heim 3
			Beschreibung		Beschreibung		Beschreibung
Kriterium	Gewichtung	Bewertung*		Bewertung*		Bewertung*	
Entfernung Ihrer Wohnung	50%	7	3,5	4	2	2	1
Freizeitangebote	20%	4	0,8	2	0,4	9	1,8
Kosten pro Monat	30%	7	2,1	6	1,8	8	2,4
	100%		**6,4**		**4,2**		**5,2**

Abb. 5.1 Gewichtete Bewertung

---

[1] Mit Erfüllungsgrad ist gemeint, wie gut eine Option ein Kriterium erfüllt. Das Heim das näher am Wohnort liegt erfüllt das Kriterium besser als jenes, das weiter entfernt ist usw.

beim Schulnotensystem. Die Berechnung erfolgt dann via Dreisatz. Interessanterweise führt das gewichtete Verfahren zu einer Änderung im Ranking der Optionen. Da Sie das Kriterium „Entfernung Ihrer Wohnung" mit 50 % ggü. den anderen beiden Kriterien als recht hoch gewichtet haben, beeinflusst die Bewertung des Erfüllungsgrades das Ranking entsprechend. So ist nachvollziehbar, dass das Heim 1 bei der gewichteten Methode im Ranking auf Platz eins landet, wohingegen dies beim einfachen Schulnotensystem bei Heim 3 der Fall war.

5.5 Informationen und Wissen beschaffen

Wie bereits erwähnt findet der Prozess der Informationsbeschaffung parallel zum Benennen der Optionen und der Vergabe von Kriterien statt. Ihr Ziel ist zum einen das Beschaffen von grundlegendem Basiswissen, um passende Optionen zu finden und geeignete Kriterien zu vergeben. Zum anderen ist damit aber auch das Beschaffen von derlei Detailinformationen gemeint wie im besagten Heim-Fall die Infos über die Entfernung zur Wohnung, die Preise oder aber die Angaben in Sachen Freizeitangebote.

Wie in Kap. 4 dargelegt, wird empfohlen, einen hybriden Quellen-Mix zur Recherche zu wählen. So wäre im genannten Fall sicherlich neben einer Recherche mittels Google-Maps und den Webseiten der Heime sicherlich auch ein Besuch vor Ort oder eine Bewertung durch unabhängige Portale wie etwa *seniorplace.de* zu empfehlen. Auch hier leuchtet mittlerweile ggf. besser ein, warum von einem Rechercheprozess die Rede ist und möglicherweise 2–3 Besuche pro Heim nötig sein können, um eine gute Entscheidung treffen. Hat man ggf. nämlich beim ersten Besuch auf allgemeine Indikatoren wie Sauberkeit und Freundlichkeit des Personals geachtet, werden einem nach Rücksprache mit einem Experten beim zweiten Besuch eher Dinge wie die Ausstattung oder die Kompetenz des Pflegepersonals abgefragt.

In jedem Fall wird dringend empfohlen, die Rechercheprozesse inkl. der Ergebnisse akribisch zu dokumentieren. Dies kann mittels eines eigens erstellten Rechercheprotokolls erfolgen, in dem man dann einträgt, welche Information man wann durch welche Quelle beschafft hat. Für Firmen bieten sich hier Lösungen wie das bereits erwähnte keeeb.com oder Kollaborationstools wie Keep von Google an. Für den privaten Bereich kann hierfür u. a. das Firefox Ad On *Zotero* oder die Online-Anwendung *evernote.com* empfohlen werden. Es sollten neben den klassischen Informationen wie Zahlen/Daten/Fakten jedoch auch Dinge wie Fotos und subjektive Eindrücke dokumentiert werden.

5.6 Intuition einfließen lassen

Im Abschn. 3.2 sprachen wir bereits über Heuristiken, worauf wir nunmehr zurückkommen wollen. Gigerenzers Plädoyer, doch auf Informationen zu verzichten und stattdessen auf seine Intuition zu vertrauen, scheitert bei den hier diskutierten Entscheidungen vollends. So kommt Rausch mit Verweis auf Dane u. Prat zurecht zu der Erkenntnis, dass die Intuition eher nicht geeignet ist, wenn dem Entscheider entsprechende Erfahrungen bzgl. des zu entscheidenden Sachverhalts fehlen (vgl. Rausch 2013, S. 19). Allerdings wurde hier bereits die Empfehlung geäußert, keine strikte Trennung der beiden Lager „Bauch vs. Ratio" vorzunehmen, sondern vielmehr eine Kombination beider Konzepte zu nutzen.

Auch wenn zum jetzigen Zeitpunkt noch nicht von Erfahrung seitens des Entscheiders gesprochen werden kann, hat er doch inzwischen erste dezidierte Eindrücke erhalten, die sein Unterbewusstsein sehr wohl verarbeitet haben dürfte. Er hat sich grundlegend in das Thema eingearbeitet, hat durch mehrere Besuche in den Heimen auch Faktoren wie Gerüche, Sauberkeit und Freundlichkeit erfahren und er hat die Gegebenheiten mit den eigenen Präferenzen abgeglichen bzw. diese ins Verhältnis gesetzt (Gewichtung).

Nicht selten hat der Entscheider zu diesem Zeitpunkt bereits eine Präferenz nicht nur unbewusst entwickelt, sondern kann diese sogar bereits benennen. Im privaten Kontext spricht in diesen Fällen nichts dagegen, den Prozess hier abzukürzen und direkt zu entscheiden. Im Geschäftsumfeld wird davon abgeraten. Anders als im privaten Kontext müssen Entscheider auf Unternehmensebene ihre Entscheidung nicht selten rückwirkend rechtfertigen. Da kann es sehr hilfreich sein, wenn ein oder mehrere Entscheider ihr etwaig negatives Bauchgefühl auch klar benannt und dokumentiert haben. Für die umgangssprachlich als *Bauchgefühl* bezeichneten Körpergefühle verwendet Domasio den Begriff der *somatischen Marker*. Jene Kombination setzt sich aus *Soma* – griechisch für Körper und aus *Marker* zusammen, weil, so Domasio, die Körpersignale ein bestimmtes Szenario als gut oder schlecht bezeichnen (vgl. Storch 2013, S. 39). Dazu je ein Beispiel:

- Positive somatische Marker: ein angenehmes Freiheitsgefühl in der Brust
- Negativer somatischer Marker: flaues Gefühl in der Magengegend

Es wird dringend empfohlen, derartige Empfindungen genau wahrzunehmen und in die Entscheidung miteinfließen zu lassen. Auch wenn somatische Marker, anders als zuvor beschaffte Fakten, welche die Dinge klar belegen, nicht zu ver-

5.6 Intuition einfließen lassen

gleichbar eindeutigen Erkenntnissen führen, so zeigen sie dem Entscheider doch eine Tendenz, der er nachgehen und Raum geben kann.

Sollte dem Entscheider zu diesem Zeitpunkt noch keine Präferenz vorliegen, verhält es sich nach Erfahrung des Autors inzwischen so, dass der Entscheider unbewusst jedoch bereits eine Wahl getroffen hat – allein er kann sie nicht benennen. Sie wird ihm in den meisten Fällen dann bewusst werden, wenn er die gewählten Optionen in einem weiteren Bewertungsschritt auch rein nach seinem Bauchgefühl bewertet, ohne auf die rationalen Aspekte zu achten. Daher wird empfohlen, die zur Verfügung stehenden Optionen abschließend noch einmal lediglich mittels einer Skala von Smileys zu bewerten. Von ☹ für *gefällt mir nicht* bis ☺ für *gefällt mir sehr*.

Empfohlen wird hier eine fünfstufige Skala, die erneut in 100 % aufgeteilt sind. Dabei bedeutet, wie nachstehend exemplarisch für die Option 3 aus dem Heimfall (Abb. 5.1) berechnet, ein neutraler Smiley, dass sich die Bewertung der Option nicht ändert, wohingegen ein sehr negativer Smiley den Wert um 50 % verringern und ein sehr positiver Smiley ihn um 50 % erhöhen würde.

- ☹ bedeutet: 5,2 − 50 % (2,6) = 2,6
- 😐 bedeutet: 5,2 − 0 % (0) = 5,2
- ☺ bedeutet 5,2 + 50 % (2,6) = 7,8

Man kann natürlich auch diese Funktion noch in eine Excel-Tabelle aufnehmen, einfacher wird sie dadurch jedoch nicht. Nicht zuletzt dieser Umstand gab auch den Ausschlag zur Entwicklung von *proofler.com* . Storch geht sogar noch einen Schritt weiter. Sie empfiehlt zunächst einmal zu testen, welcher Typ von Entscheider man überhaupt ist (vgl. Storch 2013, S. 116 ff.). Sie führt nämlich aus, dass es Menschen gibt, die eher kopflastig entscheiden und dann wiederum Personen existieren, die vornehmlich auf ihr Bauchgefühl hören. Zu welcher Gruppe man gehört könne man mit einem durch sie entwickelten Test ermitteln.

Für die Berechnung der Gewichtung könnte das bedeuten, dass sich der Schlüssel je nach Typ (Kopf- oder Bauch-Mensch) ändert, wie er das Ratio-Ergebnis beeinflusst. So wäre etwa denkbar, dass das Ergebnis der Bauchgefühl-Bewertung von Kopfmenschen höher gewichtet wird als das von Bauchmenschen, um ein entsprechend ausgleichendes Regulativ einzuführen. Dies mag freilich jeder für sich selbst entscheiden.

▶ Zusammenfassend kann hier angemerkt werden, dass sich für die in diesem QuickGuide adressierten Entscheidungen die gewichtete Bewertungs-Methode besser eignet als das einfache Schulnotensystem. Darüber hinaus sollte zum Ende des Bewertungsprozesses auch das Bauchgefühl des Entscheiders zu jeder Option erhoben werden und mit in die Kalkulation eines Ergebnisrankings einfließen.

Wir schließen dieses Unterkapitel mit einem Hinweis der Anwendung von Gewichtungen im Kontext von Gruppenentscheidungen. Hier bietet die gewichtete Bewertung nicht nur eine dezidiertere Abstimmung, sondern ermöglicht sogar die aktive Abwertung von Kriterien. Wenn Entscheidungen allein getroffen werden kommt es vor, dass Kriterien dem Entscheider im Laufe des Entscheidungsprozesses wichtiger bzw. unwichtiger erscheinen, obgleich er sie ja alle selbst vergeben hat. In Gruppenentscheidungen indes kommt es häufig vor, dass ein Entscheidungsadministrator eine Entscheidung initial aufsetzt und dann mehrere Personen einlädt, daran teilzunehmen, um demokratisch zu einem Konsens zu gelangen.

In einem Projekt zum Testen der Entscheidungssoftware proofler hat der Autor in einem Projekt mit einem Versandhandels-Konzern verglichen, welche Optionen Teilnehmer wählen, wenn etwa eine Gruppe den unternehmensinternen Entscheidungsprozess wählt und die andere Gruppe mit dem Online-Tool arbeitet. Die zur Verfügung stehenden Optionen waren freilich identisch (es handelte sich um eine Personalentscheidung), allein die Kriterien konnten individuell vergeben werden. Interessanterweise gab es zwei bemerkenswerte Unterschiede in den Teams. Während das Team mit dem Unternehmensprozess die finale Entscheidung eher an allgemeinen und subjektiv empfundenen Aspekten wie etwaige Äußerungen von Kandidaten in Telefoninterviews diskutierten, stellten sich im proofler-Team die Mitglieder sehr konkrete Fragen à la: „Warum hast du denn Herrn Mustermann bei dem Kriterium Fachwissen so schlecht bewertet?"

Darüber hinaus haben die Teilnehmer Kriterien, welche durch den Entscheidungsadministrator vergeben wurden (z. B. Auslandserfahrung), als derart unwichtig gewichtet, dass sie in der Rankingberechnung fast keine Rolle spielten, unabhängig davon, ob die Kandidaten dieses Kriterium gut oder schlecht erfüllten. Dies zeigt zum einen, dass Entscheidungen dieser Art im Team so komplex werden, dass eine dezidierte Bewertung ohne unterstützende Tools sehr schwierig wird (vgl. Abschn. 1.1). Zum anderen ist es möglich, vorgegebene Kriterien stark abzuwerten, was einer Entscheidungsfindung sehr zuträglich ist, damit das Team den gefundenen Kompromiss auch tatsächlich annehmen kann.

5.7 Entscheidung treffen

Hin und wieder ist zu lesen, dass jede getroffene Entscheidung besser ist als gar keine Entscheidung. Nun, da bin ich mir nicht so sicher. Warum? Weil in dieser Aussage eine gewisse Hektik, ein gewisser Aktionismus mitschwingt. Wozu das führt ist regelmäßig in deutschen Krankenhäusern zu erleben. Viele Ärzte täten gut daran, die eine oder andere Entscheidung für eine Behandlung zugunsten einer Nichtbehandlung zu unterlassen, oder sie zumindest zu vertagen. Aber dazu später mehr. In dem hier vorgestellten Prozess wurde inzwischen das übergeordnete Ziel einer Entscheidung definiert, es wurden Optionen recherchiert, Kriterien vergeben, Informationen beschafft und gewichtet bewertet, wie die zur Verfügung stehenden Optionen die vergebenen Kriterien erfüllen. Jener rein rationellen Bewertung wurde zusätzlich noch eine dem individuellen Entscheidungstyp entsprechende Bewertung hinzugefügt, nämlich wie das Bauchgefühl die jeweiligen Optionen bewertet. Es liegt nunmehr ein Ranking vor, das angibt, welche Option den Bedürfnissen des Entscheiders am besten entspricht. Spätestens wenn der Entscheider das Ergebnis der Berechnung erfährt sollte das Unterbewusstsein dem Entscheider eine Rückmeldung darüber geben, ob sein (unbewusst gewählter) Favorit auf Platz 1 gelandet ist, oder nicht.

Eine dazu passende Anekdote ist sehr berühmt im Feld der Entscheidungsfindung. Benjamin Franklin gilt als einer der ersten, der sich mit der klassischen Entscheidungsmatrix beschäftig hat (vgl. Pioch 2015, S. 76 f.). In einem Brief hat er seinem Neffen, der sich nicht entscheiden konnte, welche seiner Geliebten (nennen wir sie Elke und Olga) er heiraten soll, geraten, eine Liste zu erstellen. Er sollte alle Argumente eintragen, die für bzw. gegen beide Frauen sprechen und diese gewichten. Es könnte ja sein, dass Elke zwar mehr Kontra-Argumente verbucht als Pro-Gründe, letztere jedoch mehr Gewicht haben (z. B. ‚schiefe Zähne' vs. ‚hat Humor'). Das endete dann damit, dass Franklins Neffe am Ende seiner Rechnerei feststellen musste, dass zwar Elke gewonnen hatte, er sich (innerlich) jedoch schon längst entschieden hatte – nämlich für Olga.

Auch wenn in dem genannten Beispiel ein einfacher Münzwurf zum gleichen Ergebnis geführt (nur zwei Optionen) und des Neffen Entscheidungsdepression ad hoc hätte auflösen können, zeigt es doch, wie nützlich der skizzierte Prozess ist, um das eigene Unterbewusstsein zu nutzen. Am Ende des Tages ist es aber natürlich sehr erstrebenswert, eine Entscheidung zu treffen, mit der man sich selbst, oder in der Gruppe wohlfühlt. Dazu noch ein Hinweis zu Entscheidungen im Geschäftsumfeld. **Jede Entscheidung ist nur so gut wie die Wahrscheinlichkeit, dass sie auch umgesetzt wird.** Es kann gar nicht deutlich genug herausgestellt werden wie wichtig es für Führungskräfte ist, Mitarbeiterinnen und Mitarbeiter in die Entscheidungsfindung zu integrieren. Wie angedeutet bringt es bisweilen nämlich herzlich wenig, wenn Entscheidungen „da oben" getroffen werden, wenn sie „da unten" umgesetzt werden müssen.

Bevor wir anschließend kurz auf die wichtigsten Entscheidungsfehler eingehen, soll dieser Abschnitt mit einer Empfehlung beendet werden, die vermutlich geeignet ist, um eine ganze Reihe von Fehlentscheidungen zu vermeiden. Die Rede ist vom Zögern. Lassen Sie sich Zeit! Auch wenn der Entscheidungsprozess wie beschrieben durchgeführt wurde und zu einem Ergebnis geführt hat, mit dem Sie (und die Gruppe) sich wohlfühlen, schlafen Sie die berühmte Nacht darüber. Zögern ist dabei übrigens vielmehr als Stärke, denn als Schwäche zu bewerten. Ist es doch eine ureigene Bedingung von Individualität und verantwortlichem Verhalten. Mehr noch, Zögern kann in bestimmten Situationen als Strategie betrachtet werden, die mitnichten einen Prozess nur verlangsamt, sondern tatsächlich auch eine Qualitätsverbesserung bedeuten kann (vgl. Lagaay 2019, S. 56 f.).

Tipp zum Auflösen von Entscheidungsdepressionen: Sollte Ihnen einmal partout keine Entscheidung möglich sein, könnte dies evtl. daran liegen, dass Sie das Thema emotional zu sehr tangiert. Hier könnte es entweder helfen, einen Vertrauten um Rat zu bitten, der etwas mehr Abstand zu der Thematik hat, oder aber die 10/10/10-Methode anzuwenden. Mittels jenes Ansatzes kann man versuchen, sich insofern emotional zu lösen, indem man gedanklich eruiert, wie es einem in 10 Tagen, 10 Wochen, oder 10 Monaten damit ginge, sich für eine der zur Verfügung stehenden Optionen entschieden zu haben. Nicht selten fällt es einem dann wie Schuppen von den Augen und man sieht die Dinge klarer. In den allermeisten Fällen führt diese Methode jedoch zumindest dazu, dass man eine Idee für eine Option bekommt, die einem bislang noch nicht als relevant erschien. Probieren Sie es aus!

5.8 Strategien zum Vermeiden von Entscheidungsfehlern

Wir fahren fort, indem wir ergänzend einen Blick auf die gängigsten Fehler werfen, die zwischen Ihnen und einer guten Entscheidung stehen können. Dabei erhebt Tab. 5.2 keinen Anspruch auf Vollständigkeit, vielmehr stellt sie eine Auswahl der bekanntesten Entscheidungsfehler dar und basiert auf Ausführungen mehrerer Autoren (vgl. Gäbler 2017, S. 338; Gassmann et al. 2017, S. 76; Weihe 2018, S. 155 ff.).[2]

---

[2] Sehr umfangreich hat sich Dobelli 2011 in „Die Kunst des klaren Denkens" mit Entscheidungsfehlern beschäftigt.

5.8 Strategien zum Vermeiden von Entscheidungsfehlern

Tab. 5.2 Die gängigsten Entscheidungsfehler

Anchoring bzw. Anker-Effekt	Meint den Umstand, dass jemand eine bestimmte Information wichtiger nimmt als sie ist, daran festhält und dadurch ggf. andere Fakten übersieht. Dies hängt manchmal mit der Spezialisierung des Entscheiders zusammen, durch die er/sie auf einen bestimmten Bereich fixiert ist. Beispielhaft dafür ist die Situation eines Arztes, der einen Patienten mit Oberbauchschmerzen einem Verdacht auf eine Erkrankung des Verdauungstraktes mehreren Untersuchungen aussetzt, die dann eher zufällig zutage fördern, dass ein Herzinfarkt ursächlich für die Schmerzen ist. Als weiteres Beispiel kann hier angeführt werden, dass eine im Raum stehende Zahl die Entscheidung eher beeinflussen kann, als wäre die Zahl nicht geäußert worden. Das wissen z. B. Autoverkäufer, die initial einen hohen Preis nennen und dann vermeintlich mit dem Preis heruntergehen weshalb der Kunde dann kauft. Ferner verzerrt ein in einer Präsentation festgehaltenes Umsatzziel von 300 Mio. Euro die Wahrnehmung eines Investors, wenn er feststellt, dass das Unternehmen nur 50 Mio. erreicht hat. Er übersieht dabei, dass es seinen Umsatz zum Vorjahr ggf. verdoppelt hat und entscheidet sich möglicherweise gegen ein Investment.
Asch-Effekt bzw. Social Bias	Damit ist der so genannte Gruppenzwang gemeint. Er wurde 1951 von Solomon Asch durch das Konformitätsexperiment nachgewiesen. Menschen passen sich der Mehrheitsmeinung an. In Workshops kann das gut erlebt werden, wenn etwa die Teilnehmer Punkte vergeben und diese auf Mindmaps kleben können, um sich für eine bestimmte Strategie zu entscheiden. Ab einer bestimmten Punktzahl findet jene Strategie dann stets mehr Anhänger als die Optionen, die erst wenige oder noch gar keine Punkte haben.
Availability Bias	Häufig fällt einem das, womit man sich zuletzt beschäftigt hat, auch als Erstes wieder ein. Wenn man zum Beispiel gerade auf einem Vortrag von einer bestimmten Strategie oder Methode gehört hat, wird man versucht sein, sie beim nächsten Problem, auf das sie passen könnte, mit Vorzug anwenden, anstatt völlig offen an die Analyse heranzugehen.
Confirmation Bias	Gerade bei Kaufentscheidungen sucht man unbewusst die Fakten, die das eigene Konzept bestätigen. Man liest z. B. nur die positiven Rezensionen oder sucht nach Argumenten, die die eigene These stützen. Auch Startups ignorieren gern die warnenden Hinweise von außen und saugen stattdessen viel lieber das Feedback Jener auf, die ihre Idee positiv bewerten.

(Fortsetzung)

Tab. 5.2 (Fortsetzung)

Framing	Es macht einen Unterschied, WER z. B. innerhalb eines Unternehmens eine Strategie vorschlägt, ob man der Empfehlung folgen wird oder nicht – unabhängig davon, was die Fakten sagen. Ferner ist oft auch entscheidend, ob jemand mit Drohszenarien (Angst vor Verlust) argumentiert, oder das Ganze als Chance verkauft (Aussicht auf Gewinn). Menschen lassen sich eher auf Positives ein, anstatt aufgrund von Verlustängsten zu handeln.
Frequenz-Validität:	Je häufiger eine Aussage gehört wird, umso schneller wird sie geglaubt. Gerade bei undurchsichtigen Trends wie z. B. Blockchain oder Virtual Reality ist zu beobachten, dass sich viele Unternehmen dazu entscheiden, hier zu investieren, obwohl völlig unklar ist, ob sich jene Technologien durchsetzen werden. Allein der immense Medienhype genügt zur Entscheidungsfindung.
Halo-Effekt:	Wenn jemand, dem ich vertraue, ein Produkt empfiehlt, werde ich ihm ggf. unkritischer gegenüberstehen als einem Artikel, zu dem ich keine Äußerungen Dritter gehört habe. Ferner wirkt der Halo-Effekt im Rahmen von Bewerbungsgesprächen. Wenn nämlich sehr charismatische Bewerber vor uns sitzen, sehen wir eher über den einen oder anderen fachlichen Mangel hinweg als bei anderen Kandidaten.
Induktion:	Meint den Fehler, von Einzelfällen auf allgemeine Zusammenhänge zu schließen – z. B. wenn 2–3 Kunden ein positives Feedback gegeben haben.
Overconfidence	Beschreibt das ggf. übertriebene Vertrauen in die eigenen Fähigkeiten und führt im besten Fall zu einer schnellen richtigen Einschätzung der Situation, im schlechtesten Fall verhindert es die Reevaluierung und Korrektur eines einmal eingeschlagenen falschen Weges. Dies betrifft den Neuling und den Erfahrenen gleichermaßen. Wer sich zu sicher ist, wird wichtige Details übersehen. Man spricht auch vom „Overconfident-Learner", dem Anfänger, der glaubt, schon alles zu wissen.
Sunk Cost Fallacy	Meint die Tendenz, an einer einmal getroffenen Entscheidung festzuhalten, weil jemand schon viel Zeit oder Geld darin investiert hat und diese Investitionen nicht abschreiben möchte. Zum Beispiel, wenn man nach der Hälfte eines Kinofilms sitzen bleibt obwohl er einem nicht gefällt – schließlich hat man den Eintritt ja bezahlt.
Systemrechtfertigung	Es besteht oftmals die Tendenz zum Status quo. Steht zum Beispiel das neue Geschäftsmodell im Konflikt mit dem alten, so wird aufgrund der menschlichen Neigung zur Bewahrung stets die bewährte Branchenlogik verteidigt. Hier ist es wichtig, zu verstehen, dass Menschen den Status quo grundsätzlich rechtfertigen, nicht nur aus etwaigen Ängsten heraus. Ein bekanntes Phänomen ist hierbei das so genannte *not invented here syndrome,* das sich auf den bekannten Ausspruch: „Das haben wir schon immer so gemacht." bezieht.

(Fortsetzung)

Tab. 5.2 (Fortsetzung)

Zero-Risk-Bias:	Eine Variante A, bei der ein relativ kleines Risiko völlig eliminiert werden kann, wird gegenüber einer Variante B bevorzugt, obwohl bei dieser ein relativ großes Risiko stark reduziert werden kann. Dies ist selbst dann der Fall, wenn die Erwartungswerte für die riskantere Variante sprechen – wir sind also dazu bereit, zu viel für ein Höchstmaß an Sicherheit zu bezahlen.

Sie werden vergeblich nach DER einen Strategie suchen, die Ihnen dabei hilft, sämtliche Entscheidungsfehler zu vermeiden. Ohne anmaßend klingen zu wollen, Sie machen schon sehr vieles richtig, wenn Sie dem in diesem QuickGuide vorgeschlagenen Prozedere folgen. Das Konzept der wissensbasierten Entscheidungsfindung, das rationales, analytisches Entscheiden, gepaart mit der Berücksichtigung von Intuitionen anwendet, führt a priori dazu, dass die meisten der genannten Entscheidungsfehler vermieden werden. Durch die Integration von Erfahrungen Dritter und einem gesunden Maß an bewusstem Zögern wird es Ihnen gelingen, die meisten Entscheidungsfettnäpfchen zu umgehen. Darüber hinaus soll hier auch klar gesagt werden, dass es ja womöglich gar nicht erstrebenswert ist, überhaupt gar keine Fehlentscheidungen zu treffen, das wurde bereits zu Beginn dieses Buches geäußert. Aus vermeintlichen Entscheidungen kann eine Menge gelernt werden, das es gilt, beim nächsten Mal besser zu machen. Folgen Sie dem hier beschriebenen Ansatz wird Sie das gut darauf vorbereiten, womöglich dennoch mit einer Entscheidung zu scheitern. Wenn Sie nämlich alles in einem adäquaten Aufwand-Nutzen-Verhältnis Stehende getan haben, um etwaige Entscheidungsfehler zu vermeiden, werden Sie wesentlich besser mit Fehlentscheidungen umgehen können, als wenn Sie im Affekt, oder übereilt entschieden haben.

5.9 Entscheidungen im Team treffen

Kommen wir zum Abschluss dieses Kapitels noch zu einem Exkurs darüber, wie man gute Entscheidungen im Team trifft. Wir hatten bereits darüber gesprochen, dass die Integration Dritter dazu führen kann, bessere Entscheidungen zu treffen. Oftmals verhält es sich jedoch auch so, dass Entscheidungen gar nicht allein getroffen werden können, sondern im Team stattfinden müssen. Dies ist etwa beim Wohnmobilbeispiel der Müllers in Abschn. 6.1, oder im Rahmen von Personalentscheidungen der Fall, wie wir sie in Abschn. 6.5 diskutieren. Wir haben ebenfalls bereits festgestellt, dass Entscheidungen nur so gut sind wie die Wahrscheinlichkeit, dass sie auch umgesetzt werden. Hier kann ein Ansatz helfen, den Marjolijn und Edwin de Graaf als *Decisions by Design* bezeichnen, eine Entscheidungsmethode, die Partizipation und Ergebnisorientierung vereint (vgl. de Graaf und de Graaf (2020), S. 31 ff.)

Die Methode soll zu Entscheidungen führen, die von Gruppen getragen werden und zugleich ergebnisorientiert sind. Sie basiert im Kern auf folgenden vier Arbeitsschritten: 1. *Fakten austauschen*, 2. *Reflektieren*, 3. *Neue Erkenntnisse gewinnen* und 4. *Entscheiden*. De Graaf sind der Ansicht, dass Entscheidungen von jenen Personen getroffen werden sollten, die über relevante Informationen verfügen. Eine Trennung in Wissensträger und Entscheidungsträger halten sie insbesondere bei komplexen Szenarien, in denen Veränderung allgegenwärtig ist, für nicht zielführend. Sie empfehlen, die Decisions by Design-Methode anzuwenden, wenn folgende Voraussetzungen vorliegen:

- das Ergebnis der Entscheidung ist offen
- es existieren mehrere Agenden oder Interessengruppen
- es liegt eine hohe Komplexität vor
- es herrscht große Unsicherheit
- es ist ein hohes Niveau an Eigentümerschaft und Commitment erforderlich
- wenn rein divergente Prozesse vorliegen, zum Beispiel ein Brainstorming, bei dem es darum geht, möglichst viele Ideen zu generieren, ist die Methode eher nicht geeignet

Das Hauptprinzip der Methode lautet: *In der Interaktion teilen Mitarbeiter mindestens eigenes Wissen und eigene Erfahrungen mit anderen und bleiben auch gegenüber dem Wissen und den Erfahrungen anderer aufgeschlossen.* Die Methode geht mithin der Frage nach: Gelingt es, den Entscheidungsprozess so zu organisieren, dass wechselseitige Entdeckungen möglich sind; gelingt es, sich über diese auszutauschen und so zu mehreren Optionen zu gelangen, die sich jedes Gruppenmitglied allein nicht hätte ausdenken können?

Damit Entscheidungen im Team getragen werden schlagen de Graaf folgende Voraussetzungen vor:

1. Wenn wir nicht alle Sichtweisen der Beteiligten und ihren Blick auf die Realität bei der Entscheidungsfindung berücksichtigen, entsteht eine Entscheidung, auf die man sich *nicht verlassen kann*.
2. Wenn kein Raum für persönliche Reaktionen auf die Fakten geschaffen wird, werden die Beteiligten weniger Verbundenheit mit der Fragestellung spüren, und dies hat einen Einfluss darauf, inwieweit die Entscheidung *tatsächlich getragen wird*.

5.9 Entscheidungen im Team treffen

3. Wenn die Bedeutungsverleihung und die tieferen Implikationen verschiedener Optionen nicht untersucht werden, sondern sich für den bekannten Weg entschieden wird, kann dies später widerrufen werden. Das führt zu einer *kurzen* „*Lebensdauer*" *der Entscheidung*.
4. Wenn keine Auswahl getroffen wird, existiert kein Ergebnis.

Schauen wir uns die einzelnen Phasen der Methode etwas genauer an: Es wird zunächst zwischen unterschiedlichen Denkstilen und dem Prozess differenziert. Das Design ist „das, was zuvor erdacht wurde" und der Gruppenprozess ist „das, was tatsächlich geschieht" Dabei sollte im Team zwischen dem *divergenten* und dem *konvergenten* Denkstil unterschieden werden. Der divergente Denkstil ist durch räumliches Denken (über „Bilder" und Strukturen) und Wahrnehmung auf Grundlage von Erfahrungen gekennzeichnet. – „Bilddenken" Der konvergente Denkstil hingegen kennzeichnet sich durch das analytische Sammeln von Fakten. Dieser Prozess wird auch als „Begriffsdenken" bezeichnet.

Im Schritt 1 – *Fakten austauschen* empfiehlt die Methode, folgende Fragen zu diskutieren:

- Was ist bisher alles passiert? bzw. Was haben Sie beobachtet?
- Welche Aktionen haben wir durchgeführt und welche unterlassen?
- Was ist für die frühere, die heutige und die neue Situation kennzeichnend?
- Welche Fakten sind uns zu diesem Thema bekannt?
- Welches Ereignis oder welche Informationen haben Sie positiv oder negativ überrascht?

Bei diesem Schritt ist der Fokus darauf gerichtet, externe Informationen, Fakten zur Veränderungsaufgabe oder Entscheidungsfindung und die jeweiligen Versionen der Realität der Beteiligten zu integrieren. Diese Phase bewirkt, dass sich alle mit den gleichen Kerninformationen beschäftigen, und sie gibt der Entscheidungsfindung einen Fokus. Mögliche Fallen in der Praxis der Prozessbegleitung sind: Fragen stellen, die geschlossen oder nicht spezifisch genug sind; keinen klaren Fokus beibehalten; triviale Fragen anstelle von objektiven Fragen formulieren.

In Schritt 2 – *Reflektieren* sollten sodann folgende Fragen gestellt werden:

- Welche Erfahrungen lassen Sie hieran denken?
- Wo haben Sie das zuvor schon einmal erlebt?
- Welches Gefühl löst das bei Ihnen aus?
- Was wird Ihnen sofort deutlich und was ist verwirrend?
- Welche Informationen scheinen am ausschlaggebendsten zu sein?

- Bei welchem Teil haben Sie Zweifel?
- Was ging Ihrer Meinung nach einfach? Wo gab es Ihrer Meinung nach Schwierigkeiten?

Dieser Schritt führt dazu, dass erste Reaktionen offenbart werden und sich die Teammitglieder ihrer eigenen Rolle und Verbundenheit mit der Fragestellung bewusst werden, wodurch substanziellere Entscheidungen entstehen. Reflexion unterstützt einen divergenten individuellen Denkprozess, denn jede Person hat ihre eigene persönliche Reaktion und man muss darüber keinen Konsens erzielen. Wir unterscheiden zum einen zwischen *Konsens*: Die Entscheidung ist getroffen, wenn alle dafür sind. Und zum anderen in *Konsent*: Die Entscheidung wird getroffen, wenn nichts mehr dagegenspricht.

Es folgt Schritt 3 – *Neue Erkenntnisse gewinnen*, die folgende Fragen aufwirft:

- Welche Optionen oder Entscheidungsmöglichkeiten stehen zur Auswahl?
- Welche Relevanz oder Bedeutung hat das? Warum ist es von Bedeutung?
- Welche neue Perspektive hat sich uns eröffnet? Was wäre wenn …?
- Was macht den Unterschied aus? Warum ist das anders?
- Was hat sich als Hauptproblem erwiesen? Warum ist das ein Problem?
- Welche Auswirkungen/Einflüsse hat [Problem] auf …?
- Was bedeutet das für mich und für die Organisation?

Das Ergebnis dieses Schritts ist, dass der Gruppe klargeworden ist, was die Essenz der externen und internen Informationen ist, und neue Erkenntnisse entstanden sind. Dieser Schritt unterstützt einen divergenten sozialen Denkprozess, weil Ihre Gruppe Untersuchungen durchführt, aus denen neue Erkenntnisse hervorgehen, wobei mehr als ein Ergebnis möglich ist. Mögliche Fallen in der Prozessbegleitung: Missbrauch der Informationen durch das Einbringen vorgefertigter Bedeutungen, Intellektualisierung oder Abstrahierung, Bewertung von Reaktionen als richtig oder falsch. Es wird etwa auch das so genannte *Abilene Paradox* vermieden, bei dem etwa jemand der Familie vorschlägt, doch campen zu gehen und dann überrascht ist, dass dem Vorschlag zugestimmt wird. Eigentlich hatte er das nur vorgeschlagen, weil er annahm, dass keiner Lust hat. Tatsächlich hatte auch niemand Lust, aber sie wollten nicht als Spielverderber gelten und haben deshalb zugestimmt …

In Schritt 4 – *Entscheidung treffen* kommen dann folgende Fragen zum Tragen:

- Wie sähe es aus, wenn Sie nach diesem Szenario handelten?
- Was haben wir gemeinsam entschieden?
- Was haben Sie gelernt?

5.9 Entscheidungen im Team treffen

- Wenn wir das noch einmal machen würden, was würden Sie dann anders machen?
- Welche ersten Schritte müssen wir unternehmen?
- Wie würden Sie unser gemeinsames Einverständnis formulieren?
- Was werden wir jetzt anders machen?

Dieser Schritt führt zu einer gemeinsamen Lösung oder Entscheidung, die durch den Gruppenprozess für die Zukunft relevant gemacht wird. Die Gruppeninteraktion bezieht sich auf Konsentbildung, Sicherung und Handeln. Der Schritt *Entscheiden* unterstützt einen konvergenten sozialen Denkprozess, denn die Gruppe bildet einen Konsent über eine Lösung, die in eine Richtung weist. Mögliche Fallen in der Prozessbegleitung: Ihre Gruppe zu Entscheidungen zwingen, wenn sie dazu noch nicht bereit ist; es versäumen, Ihre Gruppe in Richtung Entscheidungsfindung zu lenken.

Es existieren sowohl Vor- als auch Nachteile von Gruppenentscheidungen. Vorteilhaft ist es, dass eine *umfassendere Entscheidung* möglich wird, *Fehler werden entdeckt* und korrigiert werden, eine *höhere Qualität* der Entscheidung entsteht und eher eine *Akzeptanz* bzw. *Eigentümerschaft* in Bezug auf die Umsetzung der Entscheidung zutage tritt. Demgegenüber lassen sich folgende Nachteile benennen:

- höherer *Zeitaufwand* und somit größere initiale Kosten
- *Schweigekultur*: wird von Vorgesetzten oder Führungskräften auch als Grund für ihre Nichtteilnahme am Gruppenprozess angeführt
- Es kann die Situation entstehen, dass niemand die *Verantwortung* für die Ergebnisse übernimmt.

Last, but not least, sollte selbstverständlich auch bei Teamentscheidungen das Bauchgefühl bzw. die Intuition der Teilnehmenden berücksichtigt werden, es gelten die gleichen Empfehlungen für Einzelentscheidungen.

Ihr Transfer in die Praxis

- Definieren Sie das übergeordnete Ziel bevor Sie nach Optionen suchen.
- Integrieren Sie von Anfang an wichtige Stakeholder in Ihre Entscheidung! Gerade in Unternehmen erhöht dies die Wahrscheinlichkeit, dass die Entscheidungen auch umgesetzt werden.
- Gewichten Sie die vergebenen Kriterien unter Verwendung von entscheidungsunterstützenden Tools.

- Beschäftigen Sie sich mit den wichtigsten Entscheidungsfehlern um sie entsprechend vermeiden zu können.
- Lernen Sie, in gruppendynamischen Entscheidungen durch *Decision by Design* Dritte zu integrieren. ◄

Literatur

Gäbler, M. (2017). Denkfehler bei diagnostischen Entscheidungen. *Wien Med Wochenschrift, 167*, 333–342.

Gassmann, O., Frankenberger, K., & Csik, M. (2017). *Geschäftsmodelle entwickeln – 55 innovative Konzepte mit dem St. Galler Business Model Navogator*. München: Carl Hanser.

de Graaf, M., & de Graaf, E. (2020). *Decisions by Design – In vier Schritten zu umsetzungsstarken Entscheidungen*. Stuttgart: Schäffer-Poeschel.

Johnson, S. (2018). *Farsighted: How we make the decisions that matter the most*. New York: Riverhead Books.

Keeney, R. (1996). Value-focused thinking: Identifying decision opportunities and creating alternatives. *European Journal of Operational Research, 92*, 537–549.

Lagaay, A. (2019). Lob des Zauderns. *philosophie magazin*, 56–75.

Markwardt, N. (2019). Wie treffe ich eine gute Entscheidung. *philosophie magazin,* 45–47,

Pioch, S. (2015). *trojanized: Ein verblüffend wirksamer Weg, um den passenden Job zu finden*. Hamburg: tredition.

Rausch, A. (2013). Analyse ist gut, Intuition ist besser – Oder umgekehrt? *Controlling & Management Review, 57*, 14–21.

Storch, M. (2013). *Das Geheimnis kluger Entscheidungen: Von Bauchgefühl und Körpersignalen*. München: Piper Taschenbuch.

Weihe, K. (2018). *Fundiert entscheiden: Ein kleines Handbuch für alle Lebenslagen*. Berlin/Heidelberg: Springer.

Anwendungsbeispiele für die Praxis 6

▶ **Was Sie aus diesem Kapitel mitnehmen**

- Wie Sie das theoretische Konzept der wissensbasierten Entscheidungsfindung in die Praxis übertragen können.
- Worin der Unterschied besteht, wenn Sie Dinge allein, oder im Team entscheiden.
- Warum gerade beim komplexen Situationen entscheidungsunterstützende Tools so wertvoll sind.

Nachdem wir nun die theoretischen Aspekte wissensbasierter Entscheidungen skizziert haben, wollen wir im zweiten Teil des Buchs nun zur praktischen Anwendung des Ansatzes kommen. Dem einen oder anderen von Ihnen mögen die bisherigen Ausführungen hin und wieder etwas kryptisch vorgekommen sein. Möglicherweise ist Ihnen, liebe Leserinnen und Leser, noch nicht ganz klar, was das denn nun genau für die Praxis bedeutet. Dazu werden wir nun, nachdem wir die Theorie hinter uns lassen, auch im Duktus etwas lockerer, versprochen.

In zehn Praxisfällen, die sowohl aus dem privaten als auch aus dem geschäftlichen Umfeld stammen, wollen wir beleuchten, wie die Anwendung der wissensbasierten Entscheidungsfindung konkret aussehen könnte. Dazu noch einige einführende Gedanken. Keine Entscheidung gleicht der anderen. Selbst wenn wir hier statt zehn eintausend Fälle diskutierten, auch dann wäre es nicht annähernd möglich, daraus ein Szenario für alle anderen Entscheidungen abzuleiten. Die einzelnen Situationen sind zu unterschiedlich und die verschiedenen Menschen mit ihren jeweiligen Vorlieben und Voraussetzungen sind es allemal. Daher kann es hier lediglich darum gehen, durch die prozessual vergleichbare Vorgehensweise ein Gefühl dafür zu vermitteln, wie sich die hier verorteten Entscheidungsarten grundsätzlich strukturiert fällen lassen.

Die ausgewählten Szenarien basieren auf privaten und beruflichen Erfahrungen des Autors. Wenn nötig wurden sie mit entsprechenden Fachexperten abgeglichen und diskutiert. Zur Sichtung der Fälle sei empfohlen, sich nicht zu detailliert mit den inhaltlichen Details zu befassen. Hier sei abermals darauf verwiesen, dass es unmöglich ist, eine sachgemäße einheitliche Aussage zu treffen, die gleichsam für alle Anwender identisch ist. Die Anwendungsszenarien wollen vielmehr als Simulation dienen, damit sich der Leser das hier vorgestellte Konzept nachhaltiger erschließen kann. Ein umfassendes Tiefenverständnis des wissensbasierten Entscheidens wird indes nur gelingen, wenn die hier vorgestellte Vorgehensweise auch tatsächlich wiederholt auf eigene Sachverhalte angewendet wird.

6.1 Kaufentscheidungen

Wer kennt das nicht: Sie wollen sich für den anstehenden Urlaub eine neue Digitalkamera zulegen, aber mit jeder weiteren Information verfestigt sich Ihre Entscheidungsdepression nur noch mehr. Nicht selten läuft das nämlich so ab, dass Sie mit Ihrer Partnerin bzw. Ihrem Partner gerade eine Fernreise gebucht haben und anschließend voller Freude feststellen: *Da müssen wir uns aber auch noch eine neue Digitalkamera kaufen!*

Gesagt, getan. Sie beginnen bei Google und suchen nach „Digitalkamera kaufen". Dort erhalten Sie dann mehr als sieben Millionen Treffer und Sie werden zusehends mehr verwirrt. Sie lesen Testberichte, vergleichen Rankings, erlernen Fachbegriffe wie *Auflösung* und *Foveon-Chips*. Einige Stunden später merken Sie, dass Sie in Ihrem Browser 20 Tabs geöffnet haben, Ihnen schwirrt der Kopf und Sie schalten die Kiste entnervt aus.

Einige Tage später versuchen Sie es erneut. Einige Webseiten und Kameras erkennen Sie wieder und so langsam entwickeln Sie Präferenzen für 2–3 Modelle. Sie drucken sich die Produktblätter aus und gehen in einen Markt – sprich zum Elektroeinzelhandel. Nachdem man Sie dort „*Sie kommen zurecht?*" gefragt und Sie dies verneint haben, zeigen Sie dem Verkäufer Ihre drei Ausdrucke und fragen ihn, welche Kamera er Ihnen denn empfehlen würde. „*Keine davon.*", entgegnet Ihnen der Verkäufer und bittet Sie mit dem Hinweis, dass er da etwas wesentlich Besseres für Sie hat, ihm zu folgen. Nach ca. 20 Minuten schwirrt Ihnen erneut der Kopf. Der Verkäufer gleicht inzwischen nämlich eher einem Ausbilder und Sie

6.1 Kaufentscheidungen

würden vermutlich problemlos die IHK-Prüfung zum Fotofachangestellten bestehen, allein Ihrer Entscheidung sind Sie kein Stück nähergekommen.

Nachdem dem Verkäufer sein eigentlicher Beruf wieder eingefallen ist und er Sie fragt, welche der 24 vorgestellten Kameras es denn nun sein soll, bedanken Sie sich höflich und gehen nach Hause, Sie müssten das noch mit Ihrer Frau besprechen. Dann passiert mehrere Wochen gar nichts und einen Tag vor dem Urlaub kaufen Sie sich kurz entschlossen eine Kamera bei real, zwischen Sonnencreme und Badelatschen.

Zugegeben, ganz so drastisch laufen Kaufentscheidungen nicht ab, allerdings ist das geschilderte Szenario so abwegig auch nicht, oder? Tatsächlich existiert da draußen eine Menge Frust bei den Konsumenten, der in den allermeisten Fällen vermieden werden könnte. Sowohl durch den Kunden als auch durch den Handel.

Wir wollen uns einmal ein Beispiel vorstellen, in der sich eine Familie, nennen wir sie die Müllers, Eltern (André 48 und Jutta 44 Jahre alt) und zwei Kinder (Kira 7 und Max 10 Jahre alt) für ein gebrauchtes Wohnmobil entscheiden möchte. Die Ausgangssituation ist die, dass die Familie zwar schon 1–2 Mal Campen war, aber noch nie ein eigenes Wohnmobil besessen hat. Aus entscheidungstechnischer Sicht haben wir hier die Herausforderung, dass es zum einen eine Unmenge an Optionen gibt und zum anderen in der Familie möglichst demokratisch ein Konsens herbeigeführt werden soll, damit sich jeder ernst genommen fühlt. Wie soll Familie Müller nun vorgehen?

Erinnern wir uns: Als erstes gilt es, das übergeordnete Ziel zu definieren. Warum wollen die Müllers ein Wohnmobil kaufen? Worum geht es ihnen genau? Wäre es nicht eventuell praktischer, ein Wohnmobil zu mieten? So könnte man die teuren Anschaffungskosten vermeiden und gleichsam das Risiko einer Fehlentscheidung reduzieren. Außerdem benötigt man dann keinen Stellplatz und spart sich das nervige Reinigungsprozedere nach dem Urlaub. Wenn es ein eigenes Fahrzeug sein soll – wäre es nicht praktischer, einen Wohnwagen zu kaufen? Einen PKW mit Anhängerkupplung haben die Müllers schließlich schon und so wäre man flexibler, was Tagesausflüge in der Umgebung angeht.

All das diskutieren die Müllers und sind sich einig – ja, wir wollen ein eigenes Wohnmobil. Also gut. Als nächstes geht es darum, mögliche Optionen zu recherchieren. In diesem Fall ist es beispielsweise sinnvoll, sich zunächst grundlegend über 6–8 Kriterien Gedanken zu machen. Zu überfordernd ist sonst einfach das Angebot. Jedes Familienmitglied darf sich 2–3 Kriterien überlegen. Eines, das ihm besonders wichtig ist und eines, das *schon nett* wäre, wenn es ginge. Die Idee ist, dass man so im Anschluss als Familie 6–8 Kriterien vergeben hat, da sich ggf. einige Doppelungen ergeben. Bei Fam. Müller könnte das dann zum Beispiel wie in Tab. 6.1 aussehen (! Bedeutet ganz wichtig), * bedeutet *wäre schön*, 0 = mir egal:

Tab. 6.1 Beispielkriterien Kaufentscheidung

Kriterien	André	Jutta	Max	Kira
1: TÜV neu	!	0	0	0
2: Preis max. 30' €	*	*	0	0
3: gepflegter Zustand	*	!	*	*
4: separate Dusche	*	*	0	0
5: eigenes Bett	0	0	*	!
6: Fernseher	0	0	!	*
7: Nichtraucherauto	*	!	*	*

Die genannten Kriterien werden nun in diversen Portalen als Filter genutzt und dennoch erhalten die Müllers mehr als einhundert Fahrzeuge zur Auswahl. Eindeutig zu viel. Vater Müller entscheidet sich, einen weiteren Filter einzusetzen und sucht nur im Umkreis von 50 Kilometern und als preisliche Untergrenze definiert er 25.000 €. Na wer sagt's denn, es bleiben nur noch fünf Fahrzeuge übrig. Die Müllers sichten die Fahrzeugbeschreibungen, klicken sich durch die Fotos und beschließen, am Wochenende zu drei der fünf Händler zu fahren, um die Wohnmobile genauer zu inspizieren. So weit so gut? Leider nein!

An dieser Stelle wird stattdessen empfohlen, einen Profi dazu zu holen. Jemanden der seit Jahren ein eigenes Wohnmobil besitzt und keinen persönlichen Vorteil davon hätte, ob und wenn ja welches Auto sich die Müllers kaufen. Es war nämlich eventuell ein Fehler, mittels des Umkreisradius die Treffer zu reduzieren, wie wir später sehen werden.

Allerdings ist jetzt genau der richtige Zeitpunkt, einen unabhängigen Experten dazu zu holen. Warum? Nun, die Phase der Zieldefinition ist beendet, die Müllers wissen was sie wollen. Was sie nicht wissen, ist was sie nicht wissen. Ja genau, der Satz ist richtig so. Erinnern Sie sich an Abschn. 4.2? Es ist also nicht zu früh. Zu spät allerdings auch nicht, weil ein Experte zum jetzigen Zeitpunkt die zur Verfügung stehenden Optionen noch einmal problemlos austauschen könnte, ohne, dass einzelne Familienmitglieder auf die Barrikaden gehen. Sie sind nämlich noch nicht emotional an ein Wohnmobil gebunden, was nach einer erfolgten Besichtigung schon ganz anders aussehen kann. Wenn die Kinder erst mal im Bett über dem Fahrerhaus probeliegen gemacht und sich der Vater ins lückenlos geführte Scheckheft verliebt hat, war's das unter Umständen mit der so hilfreichen Objektivität.

Mutter Jutta erinnert sich an ihre Yogafreundin Birte, die mit ihrem Mann Thomas seit Jahren ein eigenes Wohnmobil besitzen. Sie beschließen, die beiden zum Kaffee einzuladen und erzählen ihnen von ihrem Vorhaben. Thomas sieht sich die Auswahlkriterien und die fünf Treffer der Müllers an und schüttelt sanft den Kopf.

Er weiß nämlich aus Erfahrung, dass das Modell XY an diversen Stellen am Dach undicht wird. Daher müsse man bei der Besichtigung unbedingt darauf achten, ob es im Innern des Wohnmobils nicht etwa muffig riecht. Das, so Thomas, kommt nämlich nicht etwa vom älteren Vorbesitzer, sondern ist ein sicheres Zeichen für ein undichtes Dach.

Birte ergänzt, dass die Müllers auch unbedingt die Schraubverschlüsse der Trinkwasseranlage öffnen und daran riechen sollen. Wenn da ein fauliger Geruch herauskommt kann man davon ausgehen, dass das Fahrzeug nicht richtig gewartet wurde. Ach ja und der Zahnriemen muss bei dem Wohnmobil mit dem Fiat-Motor dringend gewechselt werden …

Sie suchen gemeinsam erneut, ändern den Suchradius, setzen den Filter bei der maximalen Laufzeit von 100.000 Kilometern und klicken auf den Haken bei scheckheftgepflegt. Sie bekommen wieder fünf Treffer, dieses Mal allerdings in einem Radius von 200 Kilometern und ausschließlich von Händlern angebotene Wohnmobile. Sie treffen eine Vorauswahl, besichtigen drei Fahrzeuge und machen jeweils eine Probefahrt. Dabei werden die Müllers von Thomas begleitet, der die richtigen Fragen stellt, sodass kein Verkäufer auch nur den Versuch unternimmt, den Müllers ein faules Ei anzudrehen.

Wieder zu Hause tragen die Müllers ihre Erkenntnisse und Eindrücke in eine Pro- und Contra-Liste ein. An dieser Stelle wird deutlich, wie hilfreich Tools wie der proofler oder eine gut konfigurierte Excel-Tabelle sein können. Die Müllers gewichten abermals ihre Kriterien neu, der eine oder andere hat inzwischen seine Präferenzen geändert, oder gar Kriterien ganz ausgetauscht. Anschließend bewerten sie, wie gut die einzelnen Wohnmobile bei den vergebenen Kriterien abschneiden. Danach wird die Liste weggelegt und jeder schläft 1–2 Nächte darüber. Dann sieht sich jeder nur die Fotos der drei Fahrzeuge an und hört jeweils auf sein Bauchgefühl. Wie roch es in dem hier? Wie lag es sich in dem da? Wo konnte man bei dem hier die Fahrräder verstauen? Nachdem die Müller abermals 1–2 Nächte über das berechnete Ranking geschlafen haben, treffen sie eine Entscheidung – und machen Urlaub.

6.2 Entscheidungen als Patient

In einem ca. 1,5 Jahre dauernden Projekt konnte der Autor erfahren, welche Risiken Patienten bisweilen tragen, wenn sie sich in deutschen Kliniken operieren lassen. Christoph Lohfert, der mit seinem Zwillingsbruder viele Jahre deutsche Kliniken hinsichtlich ihrer Prozesse und Strukturen beraten hat, wollte zum Abschluss seines unternehmerischen Schaffens noch einen Ansatz entwickeln, der sich um die

Sicherheit von Patienten und mithin um die Qualitätssicherung in der Medizin kümmert. Lohfert hat in seiner mehrjährigen Beraterpraxis unzählige Beispiele für gravierende Qualitätsmängel feststellen können, hat jene Erfahrungen aber auch selbst als Patient mehrmals machen müssen. So ist ihm mit Mitte Dreißig an einem Tag von einem Arzt zunächst eine Krebsdiagnose mitgeteilt worden, wohingegen diese von einem anderen Arzt später dementiert wurde (vgl. Lohfert 2011, S. 10 f.). Erlebnisse wie diese ließen Lohfert Sätze sagen wie: *„Man muss schon sehr gesund sein, um in deutschen Krankenhäusern zu überleben.“* Auch wenn darin freilich eine gewisse Übertreibung liegt, ist die Message dahinter klar – ein Patient sollte sich gut informieren und keineswegs blind darauf vertrauen, dass die Halbgötter in Weiß schon keine Fehler machen werden. So stellt die Bundes-ärztekammer fest, dass sich in deutschen Krankenhäusern die Zahl der Behandlungsfälle in den letzten zehn Jahren um mehr als 2,5 Millionen auf fast 19,8 Millionen pro Jahr erhöhte (vgl. Bundesärztekammer 2019, o. S.). Zwar bewegt sich die Zahl der Fehler, gemessen an der Gesamtzahl aller Behandlungsfälle, eher im Promillebereich, allerdings wirkt das nur bedingt beruhigend, oder?

Auch wenn eine ausgeprägte Hybris unter den Ärzten heutzutage eher die Ausnahme denn die Regel sein dürfte, so sollten Patienten bei größeren Operationen die nachstehenden Hinweise bei ihrer Entscheidung für eine Klinik oder eine Therapie berücksichtigen. Es dürften eher strukturelle und systemseitige Aspekte ursächlich dafür sein, dass selbst in einem so fortschrittlichen Land wie Deutschland so viele Fehler in der Medizin passieren. Das medizinische Personal selbst arbeitet dabei nämlich in den allermeisten Fällen nach bestem Wissen und Gewissen, ja bisweilen am Rand der Selbstaufopferung. Der Autor hat im Rahmen einer mehrtägigen Hospitanz in einem Hamburger Unfallkrankenhaus gesehen, unter welch herausfordernden Bedingungen Ärzte und Pfleger arbeiten.

Es bleibt zwischen Besprechungen, OPs und Arztbriefen kaum Zeit zum Durchatmen und Reflektieren. Die stressigen Situationen sind ein wahrer Herd für Fehler, die sich trotz ausgeklügelter Prozesse und Checklisten wohl leider nie vollends vermeiden lassen. Hier ist kaum mehr Platz für weitere Optimierungen, das medizinische Personal arbeitet fast ständig im Grenzbereich. Wer aber kognitiv kaum in den Prozess der Heilung involviert ist sind die Patienten selbst. Viele vertrauen darauf, dass sie die richtige Behandlung erfahren und hinterfragen die meisten Dinge nicht. So kam etwa eine Studie zu dem Ergebnis, dass zum Beispiel 40 % der befragten Patienten ihre Klinik aufgrund der Lage, also wegen der Nähe zum Wohnort, auswählen (vgl. Kaiser 2018, o. S.). Ein Fehler, wie wir später sehen werden.

Es sind die Patienten, die sich stärker einbringen sollten, um ihren Beitrag zu leisten, die Qualität in der Medizin zu verbessern. Durch kritisches Hinterfragen

6.2 Entscheidungen als Patient

der Notwendigkeit von OPs, die Recherche relevanter Informationen und durch Einholen von Zweitmeinungen kann hier viel bewirkt werden.

Zunächst ist festzustellen, dass jede Behandlung individuell zu betrachten ist, eine für sämtliche aus Patientensicht zu treffenden Entscheidungen adäquate Vorgehensweise kann es kaum geben. Wir wollen von einer Situation ausgehen, in der ein 64-jähriger Patient, nennen wir ihn Olaf, nach monatelangen Schmerzen und diversen Untersuchungen vor der Entscheidung steht, in welcher Klinik er sich einer OP zum Einsetzen einer künstlichen Hüfte unterziehen lassen soll. Olaf wohnt in Geesthacht, in der Nähe von Hamburg.

Bevor man sich mit der Recherche nach einer Klinik für eine Hüft-OP beschäftigt, sollte zunächst einmal geprüft werden, ob diese tatsächlich nötig ist, da es sich dabei um einen großen Eingriff handelt. Wie kurz angedeutet sollte bei jeder großen Operation eine zweite Meinung bei einem weiteren Facharzt eingeholt werden. Grundsätzlich übernehmen Krankenkassen die Kosten dafür, dies sollte zuvor aber bei der eigenen Kasse angefragt werden. Leider ist es keine Seltenheit, dass immer wieder OPs durchgeführt werden, die eigentlich gar nicht nötig sind. So viele Vorteile die Privatisierung staatlicher Krankenhäuser auch gebracht haben mag, so häufig kommt es leider vor, dass Eingriffe aus überwiegend ökonomischen Interessen seitens der Klinik stattfinden. Auch davor kann das Einholen einer zweiten Meinung schützen. Wenn jedoch tatsächlich eine entsprechende Indikation für das operative Einsetzen eines künstlichen Hüftgelenks besteht muss letztlich der Patient entscheiden, welches Haus hier infrage kommt.

Wie bereits zuvor festgestellt, neigen viele Patienten dazu, als wichtigstes Kriterium die Nähe der Klinik zum eigenen Wohnort zu wählen. Davor kann allerdings nur gewarnt werden. Schauen wir uns einmal an, welche Klinik denn in Geesthacht zur Auswahl stünde. Olaf findet hier das *Beispiel-Krankenhaus* in Geesthacht, das auch Hüft OPs durchführt. Wo soll denn da das Problem sein? Nun, das Problem ist, dass nicht jede Klinik jede OP in derselben Häufigkeit durchführt. Daraus ist zu folgern, dass natürlich unterschiedliche Erfahrungswerte und Prozesse existieren, die sich nicht zuletzt auch in der Qualität niederschlagen. Dies folgt der einfachen Logik, dass z. B. ein Musiker, der 8 Stunden täglich übt, sein Instrument besser beherrscht als jemand, der nur 1–2 Stunden pro Woche spielt.

Es sollte also weniger die Entfernung zum Wohnort das entscheidende Kriterium sein, sondern vielmehr die Anzahl der Fälle, wie häufig ein Haus genau die OP durchführt, die einen selbst erwartet. Diese Informationen kann man in verschiedenen Quellen recherchieren. Eine davon ist zum Beispiel *weisse-liste.de*. Darin kann man genau nach seinem Eingriff suchen und Kliniken in einem angemessenen Umkreis vergleichen. Auf dieser Plattform würde Olaf nämlich erfahren, dass das Krankenhaus direkt in Olafs Nähe „seine" OP in 2017 lediglich 85-mal durchgeführt hat. Eine andere, nur 26 Kilometer entfernte, Klinik hat dieselbe OP fast zehnmal häufiger durchgeführt, nämlich in 812 Fällen.

Dieser Unterschied macht deutlich, welche einfachen Schritte Patienten gehen können, um die Qualität ihrer Entscheidung zu verbessern. Darüber hinaus sollte man erfragen, wie viele Infektionszahlen es bei den jeweiligen OPs gab, da auch das ein entsprechender Qualitätsindikator ist.

Schließlich sollte man sich natürlich die Klinik auch vor Ort ansehen. Ein persönliches Gespräch mit den behandelnden Ärzten dient als weitere Hilfe, um seine Entscheidung abzusichern. Hier kann es helfen, einen Freund oder Bekannten mitzunehmen, der selbst Arzt ist bzw. zumindest in dem Gespräch zu äußern, dass man einen Mediziner im Bekanntenkreis hat. Kann der Bekannte nicht an dem Gespräch teilnehmen wird empfohlen, sich möglichst vieles auch schriftlich geben zu lassen. Dies hilft etwa dabei, Fragen im Anschluss an das Gespräch mit dem Mediziner aus dem Bekanntenkreis zu diskutieren.

Darüber hinaus könnte der eine oder andere Arzt durch den Hinweis, man würde die unterbreiteten Vorschläge und Befunde im Nachgang an das Gespräch mit einem befreundeten Mediziner diskutieren, dazu führen, dass etwa auch Behandlungsoptionen in den Raum gestellt werden, von dem der behandelnde Arzt selbst nicht profitieren würde, sondern ggf. jemand anderes. So musste der Autor selbst einmal die Entscheidung treffen, welche Form des Zahnersatzes denn durch die behandelnde Zahnärztin vorgenommen werden sollte. Zur Auswahl stand eine Krone oder eine Brücke. Interessanterweise waren die Zahnärztin und auch ein externer Radiologe fest davon überzeugt, dass der betreffende wurzelbehandelte Zahn nicht zu retten sei und entfernt werden müsse. Das entsprechend hartnäckige Nachhaken des Autors und die in Aussicht gestellte zweite Meinung führte dazu, dass sie dann die Möglichkeit anbot, durch einen Spezialisten für Endodontie prüfen zu lassen, ob der Zahn nicht doch erhalten werden kann. Ich kann Ihnen inzwischen verkünden – es war möglich.

Zurückkommend auf Olafs Hüft-OP wäre nun noch zu prüfen, ob die durchführende Klinik auch an eine Reha Einrichtung angebunden ist. Es könnte nämlich gut sein, dass es auch Häuser gibt, die die betreffende Operation zwar sehr häufig durchführen, sich aber am entgegengesetzten Ende der Republik befinden. Sollte es sich um einen Eingriff mit einer dergestalt notwendigen Nachsorge handeln, ist zu empfehlen, eine Klinik zu wählen, bei der man nicht hunderte Kilometer reisen muss, um bei etwaigen Komplikationen den behandelnden Arzt zu konsultieren.

Last, but not least, spielt auch hier das Bauchgefühl eine wichtige Rolle. Wenn Sie sich bei einem Arzt sehr gut aufgehoben fühlen und er Ihnen das Gefühl gibt, sich ernsthaft für Ihre Beschwerden zu interessieren, so kann dies von ähnlich hoher Bedeutung sein wie Fall- und Infektionszahlen.

▶ Zusammenfassend kann also gesagt werden, dass Patienten durch eine strukturiert getroffene Entscheidung wesentlich dazu beitragen können, dass die anstehende Behandlung erfolgreich ist und Fehler vermieden werden. So sollte insbesondere in spezielleren Fällen (also nicht zwingend bei Blinddarm OPs oder ambulanten Eingriffen) herausgefunden werden, ob die Operation wirklich medizinisch indiziert ist, oder ob hier ggf. eine Klinik Geld verdienen möchte. Dafür bietet es sich an, eine Zweitmeinung einzuholen, was jedoch vorher mit der zuständigen Krankenkasse abgestimmt werden sollte. Liegt jene Indikation vor, sollte der Patient nach genau seinem Eingriff auf Plattformen wie der weißen Liste suchen, und Kliniken vorauswählen, welche die OP häufig durchführen. Es kann zudem empfohlen werden, sich auf Plattformen wie PubMed grundsätzlich einzulesen und einen Mediziner aus dem Bekanntenkreis zu bitten, bei der Entscheidung zu unterstützen. Abschließend ist es der Besuch vor Ort und das Gespräch mit dem behandelnden Arzt, das dafür sorgt, dass auch der Bauch mit den nötigen Informationen versorgt wird, um mitentscheiden zu können.

6.3 Entscheidungen für ein Studium bzw. für einen Job

Eine der größten Herausforderungen für die Generation Y und inzwischen auch Z ist es, sich beruflich orientieren. Sie haben große Schwierigkeiten, sich zum einen für eine Ausbildung oder für ein Studium bzw. später für einen Arbeitgeber zu entscheiden. Der Autor hat drei Jahre u. a. die Karriereberatung am Fachbereich für Wirtschaft und Medien am Hamburger Standort einer privaten Hochschule verantwortet und weiß daher um die ausgeprägten Orientierungsdepressionen der jungen Leute. Die nachfolgenden Ausführungen basieren im Kern auf einem Ansatz den er als *trojanized* bezeichnet (vgl. Pioch 2015, S. 7 ff.).

Die größten Orientierungsschwierigkeiten haben junge Leute, die sich für eher generische Bereiche wie etwa Wirtschafts- und Medienwissenschaften interessieren. Wie wir bereits anhand des Beispiels im Fall Lukas in Abschn. 2.1 gesehen haben, besteht ein großer strategischer Fehler der jungen Leute darin, das übergeordnete Ziel eines Studiums, nämlich einen spannenden Job zu bekommen, zunehmend aus dem Auge zu verlieren. Sie ordnen leider während des Studiums ihre Bemühungen nicht mehr eben jenem Ziel unter, sondern legen die Prämisse auf Sachen wie Klausurrelevanz oder die Möglichkeit, sich etwaige Praktika anrechnen zu lassen, um etwa den Workload eines Praxisprojekts zu reduzieren.

Die nachfolgenden Empfehlungen eignen sich sowohl für Abiturienten als auch für Studierende. Selbst Personen, die bereits einige Jahre im Job sind und das Gefühl haben, sich noch einmal beruflich umorientieren so wollen, können damit arbeiten. Es wird an den entsprechenden Stellen darauf hingewiesen, wo welche Unterschiede bestehen.

Zunächst wollen wir uns jedoch einmal anschauen, was das eigentliche Problem ist, was zu den so genannten Orientierungsdepressionen führt. Die jungen Leute können sich bei dem Geschwisterpaar *Globalisierung* und *Digitalisierung* bedanken. Dank der Globalisierung können sie in den genannten Fachbereichen fast in allen Unternehmen rund um den Globus einen spannenden Job finden. Ob als Personaler in Mexiko City, als Digitalstratege in London, oder als Controller in Berlin. Die Auswahl ist so riesig, dass einem der Atem stockt. Zeitgleich sorgt die Digitalisierung dafür, dass man permanent erfährt, was man gerade verpasst. Kommilitonen posten Selfies vom Praktikum in New York, oder vom Auslandssemester in China. Tja und Paul hat sich gerade für eine Trainee-Stelle bei Bertelsmann entschieden – in Gütersloh …

Nichts gegen Gütersloh, aber das ist einfach das Problem. Zu viele Möglichkeiten und scheinbar treffen alle anderen die besseren Entscheidungen, nur man selbst greift ständig daneben. Die gute Nachricht ist, dass „die anderen" das genauso empfinden. So denken Sie vielleicht: „Toll, ich zahle immer noch für mein Studium während Paul schon bei Bertelsmann sein erstes Geld verdient.".

Die Kunst scheint also darin zu liegen, sich für einen Weg zu entscheiden, der zu einem passt und den man nicht ständig infrage stellt. Nur, wie soll das gelingen? Woher soll jemand wissen, was zu ihm passt? Ein weiteres Problem ist nämlich, dass kaum jemand weiß, was sich hinter Jobtiteln wie *Web Content Strategist, Digital Prophet* oder *User Experience Specialist* verbirgt. Meistens übrigens nicht mal diejenigen, die die Stellenanzeige verfasst haben …

Darüber hinaus ist unklar, welches Studium oder welche Ausbildung in welcher Institution denn am ehesten geeignet ist, um sich bestens für den Job zu wappnen. Die heutigen Berufe sind weit entfernt von Klassikern wir Arzt, Maurer oder Pilot. Mithin ist auch unklar, wie man sich entscheiden soll. Ob nun für ein Studium oder später für einen Arbeitgeber bzw. für einen Job. Auch die in die Jahre gekommenen Karriereratgeber helfen da in den seltensten Fällen weiter. Sie bleiben nämlich den Transfer schuldig, welchen Beruf man mit welchen Stärken und Vorlieben ergreifen soll. Wie denn auch? Bisweilen ist selbst den Ausbildungsinstitutionen nicht klar, welche Fähigkeiten für welche Berufe eigentlich benötigt werden. Es braucht also einen anderen Ansatz, vielleicht kann wieder Wissen helfen.

6.3 Entscheidungen für ein Studium bzw. für einen Job

Bevor also eine Kandidatin, nennen wir sie Laura, die Entscheidung für ein Studium, oder später für einen Job bzw. einen Arbeitgeber trifft, sollte sie sich darüber Gedanken machen, wie ein Arbeitstag aussehen müsste, damit sie sich freitags auf Montag freut und nicht umgekehrt. Die Dinge jedoch, die in den meisten Stellenanzeigen stehen, beschreiben in den seltensten Fällen einen Arbeitstag, sie beschreiben ein *Unternehmen*. Ein Unternehmen ist aber völlig ungeeignet, um, basierend auf dessen Beschreibung, eine berufliche Entscheidung zu treffen. Warum? Weil ein IT-Mitarbeiter bei Google vermutlich einen völlig anderen Tag erleben wird als jemand aus dem Marketing bzw. ein Kollege aus der Personalabteilung. Man hat völlig unterschiedliche Kollegen, arbeitet mit anderen Managementmethoden und sitzt eventuell in völlig verschiedenen Orten dieser Welt. Daher wäre es klüger, sich zunächst zu überlegen, wie ein fiktiver Arbeitstag aussieht, auf den man sich freuen würde. Dazu könnte man auf ca. einer A4 Seite folgende Fragen beantworten:

- Welche **Orte** mag ich, wo fühle ich mich wohl? Ist es eher die Stadt, oder eher die ländliche Region? Ist es dort warm, oder eher kalt? Welche Kulturen gibt es dort?
- Mit welchen **Menschen** arbeite ich gern zusammen? Mag ich eher kühle und reservierte Leute, die Anzüge tragen und sich über Kennzahlen austauschen? Oder kann ich eher etwas mit kreativen Menschen anfangen, die mit agilen Methoden innovative Produkte entwickeln? Mag ich es gern wenn es eher familiär zugeht und sich alle kennen, oder ist mir ein anonymeres Umfeld lieber?
- Welche **Branchen** (z. B. Mode, Robotik oder Logistik) faszinieren mich, sodass ich mich mit ihnen identifizieren kann? Welche Themen interessieren mich und kommen diese eventuell auch in meinen Hobbys vor?
- Welche **Tätigkeiten** übe ich gern aus, die zum einen für Unternehmen nützlich sind und in denen ich gut bin? Erstelle ich gern Analysen? Überzeuge ich gern Menschen? Kreiere ich gern Kommunikationslösungen?

Sie sehen an dieser Aufgabe, dass es eines gewissen Aufwands bedarf, sich bei einigen Entscheidungen hinsichtlich des übergeordneten Ziels Klarheit zu verschaffen. So bedeutet es in diesem Fall doch eine entsprechend umfassende Betrachtung, um die Frage beantworten zu können, wann ein Job der richtige für mich ist. Tatsächlich kann nämlich davon ausgegangen werden, dass die zuvor genannten Faktoren einen wesentlich größeren Einfluss auf die Zufriedenheit von Arbeitnehmerinnen und Arbeitnehmern haben werden als das Gehalt, der Firmenwagen, oder ein Tag im home office.

Die Identifizierung mit dem etwa, was ein Unternehmen produziert scheint ungleich wichtiger zu sein, als eine attraktive Vergütung. So ist es ebenso wenig vorstellbar, dass ein Nichtraucher im Hause British American Tobacco glücklich wird wie dies der Fall bei einem jungen Mann sein dürfte, der nach seinem Bundesfreiwilligendienst eine Ausbildung bei Heckler & Koch beginnt. Während die Frage nach den Orten, den Menschen und den Branchen noch relativ einfach zu beantworten sind, könnte es den jungen Leuten schon schwerer fallen, die Frage nach den Tätigkeiten zu beantworten, die sie gern ausüben.

Hier kann zu Recherchezwecken folgendes Vorgehen empfohlen werden: Nachdem die ersten drei Bereiche dabei geholfen haben, z. B. mittels der erweiterten Suche auf XING ca. 4–6 geeignete Unternehmen zu finden, sollte versucht werden, dort 1–2 Tage zu hospitieren. Anderswo heißen diese Nanopraktika auch *Job Shadowing*. Dabei geht es nicht darum, dass die Kandidaten fachlich etwas lernen, vielmehr sollen sie sich einen Eindruck davon verschaffen, welche Leute in der jeweiligen Abteilung arbeiten, welche Themen dort gerade en vogue sind und welche Tätigkeiten die Kollegen auf den verschiedenen Positionen ausüben.

Insgesamt werden 3–4 Hospitationen empfohlen. Im Anschluss sollten die Kandidaten diejenigen Kolleginnen und Kollegen vor Ort darum bitten, ihnen ein Thema zu nennen, bei dem sie sich momentan Unterstützung wünschen würden. Da können dann Fragestellungen herauskommen wie: „Was können wir als Unternehmen tun, um die Fluktuationsrate unserer Mitarbeiter zu senken?" oder „Wie müssen wir unsere Strategie im Kundenservice anpassen, um unseren Net Promoter Score von 63 % auf 75 % zu erhöhen?"

Jene Themen sind es nämlich, welche den jungen Leuten dabei helfen würden, die Frage nach den Tätigkeiten zu beantworten. So könnten sie etwa ein Wochenende damit verbringen, ein White Paper dazu zu verfassen. Sie könnten recherchieren, wie derartige Fragen gelöst werden, wer dazu forscht, welches Unternehmen das bereits gelöst hat und wie Adaptionsmöglichkeiten für das Unternehmen aussehen könnten, bei dem sie hospitiert haben. Das Interessante daran ist, dass sie Erfahrungen sammeln und mithin Wissen aufbauen. Wissen darüber, ob ihnen die Analyse von Märkten oder aber die Beschäftigung mit psychometrischen Verfahren Freude bereitet. Wie bei einem Töpferkurs auch gelingt es nämlich nicht durch Antizipation allein, die eigenen Vorlieben zum Vorschein zu bringen.

Nachdem das Whitepaper geschrieben ist könnten die Abiturienten bzw. die Studierenden ihre Gedanken mit Professoren oder anderen Experten diskutieren, die etwas Sinnvolles zu den untersuchten Fragestellungen zu sagen haben. Die allermeisten Menschen sind sehr hilfsbereit, weshalb hier durchaus dazu geraten wird, entsprechende Anfragen zu stellen, nur Mut! Das Ergebnis wäre ein überarbeitetes Whitepaper und die wesentlich zielführendere Möglichkeit, verschiedene

Berufe miteinander zu vergleichen, als dies mittels Stellenanzeigen zu tun. Anschließend müssten die Kandidaten die Whitepaper lediglich an die Kolleginnen aus den Unternehmen, in denen sie hospitieren möchten, zurücksenden und um ein Telefonat zu bitten.

Tatsächlich würden sich die meisten der angeschriebenen Kollegen zu einem solchen Telefonat bereit erklären, da die Whitepaper schließlich durchaus nützlich für sie wären und ein immenses Interesse der Kandidaten ausdrückt. Am Telefon könnten dann die untersuchten Themen inhaltlich diskutiert werden und der Kandidat bräuchte am Ende lediglich folgende Frage zu stellen: „Okay, angenommen Sie wären an meiner Stelle – an welcher Uni würden Sie was studieren, um Ihren jetzigen Job gut ausüben zu können?" Fertig.

Also fast. Aber die wichtigste Information ist jetzt beschafft. Die Kandidaten haben herausgefunden was sie fachlich thematisch machen wollen und wissen jetzt auch was sie wo studieren wollten. Im Übrigen haben sie inzwischen 2–3 so wertvolle Kontakte aufgebaut, die sie vermutlich niemals durch das Herumstromern auf zehn verschiedenen Job-Studienmessen gewonnen hätten. Was jetzt noch kommt ist einfach. Sie könnten auf Portalen wie studycheck.de nach passenden Hochschulen suchen, an den gefundenen Unis Infoveranstaltungen besuchen und dann wie bereits wiederholt zu verfahren (Kriterien vergeben, Infos beschaffen und Bewerten). Studierende die einen Job suchen sollten versuchen, im Anschluss an das Whitepaper ein Praktikum in dem Unternehmen zu absolvieren und ggf. auch ihre Abschlussarbeit dort zu schreiben. All das wird dabei helfen, dass sie zum einen ihre berufliche Orientierung weiter verfestigen und im schlimmsten Fall schneller wissen, was sie *nicht* wollen. Ganz nebenbei werden sie sich dadurch so nützlich machen, dass schon sehr viel schieflaufen müsste, damit sie im Anschluss kein Jobangebot bekommen. Und die beste Bewerbung ist bekanntlich die, die man gar nicht erst schreiben muss.

Für Menschen, die bereits eine erste Karriere hinter sich haben eignet sich das Verfahren ebenso. Die beste berufliche Orientierung gelingt dadurch, dass man sich an einem Ort, den man mag, ein Unternehmen sucht, das Menschen beschäftigt, die einem sympathisch sind und das Dinge produziert, mit denen man sich identifizieren kann. In diesem Unternehmen verbringt man im Rahmen einer Hospitanz dann damit Zeit, dass man nach Herausforderungen fragt, die das Unternehmen momentan in dem Bereich hat, in dem man sich auskennt oder zukünftig auskennen möchte. Durch die Beschäftigung mit jenen Themen findet man dann heraus, ob einem das Thema Freude bereitet und macht sich dadurch sogleich nützlich und das Unternehmen bekommt die Gelegenheit, den Kandidaten kennen zu lernen.

Dieses Beispiel zeigt abermals, dass Wissen der Schlüssel zu Entscheidungen ist, mit denen sich der Entscheider sodann wohlfühlt. Es kostet zugegebenermaßen etwas Zeit, aber diese Zeit ist gut investiert. Leider existieren viele Menschen, die unglücklich sind mit ihrem Job und mindestens genauso viele Abiturienten, die keine Ahnung haben, was sie einmal werden wollen. Das Wissen, was in diesem Fall zu guten Entscheidungen führt muss man sich jedoch erarbeiten. Man kann es nirgends herunterladen oder kopieren. Es entsteht durch die Beschäftigung mit verschiedenen Themen, durch Hospitationen in Unternehmen, durch viele Gespräche mit potenziellen Kollegen und dadurch, dass man sich Zeit nimmt. Hört man anschließend auf seinen Bauch und verfolgt engagiert sein Ziel, sind Orientierungsdepressionen vergessen und man gönnt allen anderen das, was man selbst gerade verpasst.

6.4 Entscheidung für eine Geldanlage

Eine Frage, die auch häufig zu Entscheidungsschwierigkeiten führt lautet: „In welche Geldanlage soll ich investieren?" Sind eher Aktien zu empfehlen, oder doch eher der gute alte Bausparvertrag? Inzwischen haben Sie ja gelernt, dass man derartige Entscheidungen ohnehin nicht treffen sollte. Handelt es sich dabei doch wieder um eine oder-Entscheidung, bei der es nur zwei Optionen gibt – nicht gut. Bevor Sie sich überhaupt mit den Auswahlmöglichkeiten auseinandersetzen sollten Sie mindestens eine weitere Option suchen. Beim Thema Geldanlage ist das aber weitaus komplexer, wie wir sehen werden.

In einer mehrjährigen Praxis als Vermögensberater hat der Autor unzählige Male folgenden Satz gehört: „Wir wünschen uns eine Geldanlage, die sicher ist, die Rendite bringt und an die ich zwischendurch auch rankomme." Tja, und wissen Sie, warum so viele Menschen eine solche Geldanlage suchen? Weil es sie schlicht und ergreifend nicht gibt. Aber der Reihe nach. Wir beginnen wie gewohnt auch die Entscheidung in welche Geldanlage Sie investieren sollen mit der Frage nach dem übergeordneten Ziel. Wofür benötigen Sie das Geld? Möchten Sie eine Immobilie erwerben, der Tochter zum 18. Geburtstag ein Auto schenken? Möchten Sie fürs Alter vorsorgen und einfach nur maximale Rendite erwirtschaften?

Ettel und Zschäpitz kommen im Anschluss an ihre Recherche zu dem entscheidenden Schluss, dass ein Aspekt ganz wesentlich ist, nämlich die Frage, wie viel Zeit Sie haben, um das Anlage- bzw. das Sparziel zu erreichen (vgl. Ettel und Zschäpitz 2019, S. 27). Tatsächlich ist jedoch noch etwas Anderes vonnöten, bevor wir über den in diesem Zusammenhang relevanten Begriff sprechen können, das Risiko. Bevor Sie nämlich überhaupt die Entscheidung über die Anlage eines grö-

6.4 Entscheidung für eine Geldanlage

ßeren Betrages bzw. eines monatlichen Sparplans nachdenken sollten, ist dringend zu empfehlen, zunächst einmal *Sparbereitschaft* herzustellen.

Die Wortkreation Sparbereitschaft ist angelehnt an einen Befehl beim Militär, der „Marschbereitschaft herstellen!" lautet. Damit ist nicht etwa gemeint, dass die Soldaten sich motivieren mögen, eine längere Strecke spazieren zu wollen, sondern sich vielmehr in die Lage zu versetzen, das auch zu *können*. Das impliziert diverse Zwischenschritte wie z. B. Biwak zurückbauen, trinken, ggf. Kleidungsstücke verstauen etc. Das Gleiche gilt auch für die Geldanlage. Leider ist es so, dass vielen überhaupt nicht bewusst ist, dass, bevor man einen größeren Betrag anlegt, zunächst einmal diverse Dinge sicherstellen sollte.

Beim Vermögensaufbau spricht man von einer so genannten Vermögenspyramide. Das Fundament besteht aus Basisversicherungen und Rücklagen, die Ihre Sparbereitschaft ermöglichen. Zu den Basisversicherungen zählen z. B. Produkte wie eine private Haftpflicht-, Hausrat-, Unfall- und eventuell auch eine Berufsunfähigkeitsversicherung. Diese Versicherungen benötigen Sie, um sicherzustellen, dass Sie zukünftig überhaupt weitersparen können bzw., dass Sie nicht auf Ihr Erspartes zurückgreifen müssen, nur weil Sie in einem ungeschickten Moment die Lieblingsvase Ihrer Freundin zerdeppert haben.

Die Berufsunfähigkeitsversicherung sorgt dafür, dass Sie auch dann weitersparen können, wenn Sie aus gesundheitlichen Gründen Ihren Beruf (temporär) nicht mehr ausüben können. Ob für Ihren Beruf bzw. in Ihrem individuellen Alter eine Berufsunfähigkeitsversicherung zu empfehlen ist besprechen Sie bitte mit einem seriösen Vermögensberater, das würde hier zu ausfernd werden. Wichtig ist jedoch auch, dass Sie ca. 2–3 Monatsgehälter auf einem Tagesgeldkonto etwa bei einer Direktbank zurücklegen, sodass Sie ständig darüber verfügen können. Das ist wichtig, um z. B. eine unvorhergesehene Autoreparatur bezahlen zu können, oder eine neue Waschmaschine anschaffen zu können, falls die plötzlich ihren Geist aufgibt. Nichts ist ärgerlicher, als dafür Geld aus einem Aktienfonds zu nehmen, da der dann garantiert Verlust gemacht hat – auf Murphy ist Verlass.

Kommen wir auf die eingangs getätigte Aussage zurück, dass es keine Geldanlage gibt, die sicher ist, hohe Rendite erwirtschaftet und an die man jederzeit herankommt. Es gibt lediglich Geldanlageprodukte, die *zwei* der genannten Anforderungen erfüllen. Sie sind entweder sicher und erwirtschaften Rendite, dann kommen Sie aber nicht jederzeit an Ihr Geld, z. B. Aktien bzw. Aktienfonds. Sie kämen natürlich jederzeit an Ihr Geld, aber wie zuvor beschrieben kann es sein, dass die Aktien dann gerade im Keller sind und dann wäre schließlich die Aussage bzgl. der Rendite falsch, richtig?

Die zweite Kombination wäre, dass eine Geldanlage sicher ist und das Anlagevermögen ständig verfügbar ist, dann sind aber kaum Rendite möglich, wie z. B. beim genannten Tagesgeld, das noch nicht einmal die Inflationsrate von durchschnittlich 2–3 % ausgleicht. Last, but not least, wären da dann noch die Anlagen, die zwar hohe Rendite erwirtschaften und auch stets verfügbar sind, allein es gibt dann keine Sicherheit – sprich Sie müssen sich gedulden. Daraus folgt eine einfache Logik: Wenn Sie möchten, dass sich Ihr Geld attraktiv vermehrt, das Ganze sicher ist und Sie auch ständig über einen Teil des Geldes verfügen können, benötigen Sie mind. drei Geldanlageprodukte, nicht nur eins.

Nachdem Sie nun also Sparbereitschaft hergestellt haben, gilt es noch eine weitere Sache zu diskutieren, das bereits erwähnte Risiko. Die Frage ist nämlich, nicht nur wie alt Sie sind, sprich wie viel Zeit Sie haben, um Ihr Anlageziel zu erreichen, sondern auch was für ein Spartyp Sie sind. Sind Sie jemand, der es auch gut aushält, wenn sich Fonds einmal negativ entwickeln, oder geraten Sie dann bereits in Panik? Ein Blick in die Vergangenheit zeigt, dass selbst im schlechtesten Fall, eine Investition in den Dax maximal einen Verlust von 1,5 Prozent bedeutet hätte – vorausgesetzt, es wäre mindestens zehn Jahre nicht angerührt worden (vgl. ebd.).

Allerdings hilft diese Zahl risikoaversen Menschen genauso wenig wie es Personen mit Flugangst beruhigt, wenn man Ihnen vorrechnet wie unwahrscheinlich es ist, dass ihr Flieger abstürzt. Wenn Sie sich bei dem Gedanken daran, Ihr Geld könnte verloren gehen, einfach nicht wohl fühlen, dann sollten Sie entsprechend sicherere Anlagen wie zum Beispiel den guten alten Bausparvertrag wählen. Dessen Performance ist übrigens gar nicht so schlecht, wenn Sie steuerliche Förderungen und eine etwaige Arbeitnehmersparzulage hinzurechnen.

Falls Sie jedoch mit einem geringen Risiko umgehen können und bereit sind, sich für ca. 7–10 Jahre von Ihrem Geld zu verabschieden, können Sie sich auf Portalen wie *simulator.behavioral-finance.de* durchrechnen lassen, was mit Ihrem Anlagebetrag bei verschiedenen Risikoniveaus passiert. Grundsätzlich sollte die Entscheidung bei einer etwas höheren Risikobereitschaft für einen Aktienfonds ausfallen, bei mittlerer Risikobereitschaft sind eher Renten- oder Immobilienfonds zu empfehlen.

Hierzu vielleicht noch mal ein Hinweis, um sich zumindest entfernt eine Geldanlage zu „bauen", die dem Wunsch nach Sicherheit, Rendite und Verfügbarkeit entspricht. Falls Sie einen größeren Einmalbetrag anlegen wollen wird empfohlen, diesen (z. B. 100.000 €) in 3–4 Immobilen- und Rentenfonds zu investieren und sofort einen Auszahlplan einzurichten, der dann wiederum 3–4 Aktienfonds wie zum Beispiel den Vermögensbildungsfond I oder den MSCI World bespart, bis das Guthaben aus den Renten-/Immobilienfonds aufgebraucht ist. Wenn Sie beispielsweise monatlich 900,00 € dritteln und damit drei Aktienfonds besparen wird das Guthaben ca. neun bis zehn Jahre reichen, bis es abgeschmolzen ist.

Dann haben Sie zehn Jahre den so genannten *Cost-Average-Effekt* genutzt, was bedeutet, dass Sie automatisch viele Anteile kaufen, wenn die Kurse niedrig sind und wenige Käufe tätigen, wenn die Kurse steigen. Das können Sie vereinfacht gesagt mit dem Tanken vergleichen. Da machen Sie den Tank auch voll, wenn der Sprit günstig ist und tanken nur für 20 €, wenn die Preise hoch sind – und sparen somit in der längeren Betrachtung nicht unerheblich. Sie haben dann nach zehn Jahren je nach Entwicklung ca. 35.000 € in drei Aktienfonds liegen. Sie warten dann bis die Kurse günstig sind und machen das gleiche Spiel von vorn. Sie nutzen wie gesagt die attraktivere Performance der Aktienfonds und können aber stets auch auf einen gewissen Betrag zurückgreifen, der in den Immobilien- bzw. Rentenfonds liegt, die kaum schwanken.

▶ Zusammenfassend ist zum Thema Geldanlage zu sagen, dass auch hier Ihr Ziel wichtiger ist als eine pauschale Aussage, die womöglich in keiner Weise auf Sie zutrifft. Ferner spielt die Risikobereitschaft eines Anlegers eine große Rolle und es sollte durch Absicherung des Sparbetrages sichergestellt werden, dass getätigte oder geplante Anlagen nicht durch unerwartete Ausgaben oder Lebensereignisse gefährdet werden. Auch wenn man sich natürlich auf Seiten wie *aktienmitkopf.de* mit etwas Basis-know how versorgen kann, wird doch eher die Zusammenarbeit mit einem seriösen Vermögensberater empfohlen. Diese Leute haben das erforderliche Hintergrundwissen und auch in den allermeisten Fällen die Motivation, Sie nicht zu übervorteilen. Auch wenn es hin und wieder schwarze Schafe gibt, so verdienen Vermögensberater nur dann nachhaltig gutes Geld, wenn ihre Kunden gut beraten werden und ebenfalls ihre Sparziele erreichen.

6.5 Personalentscheidungen

Nachdem wir nun einige umfangreichere Entscheidungen aus dem privaten Bereich diskutiert haben, wird es in den folgenden Fällen um Sachverhalte gehen, die dem Geschäftskontext zuzuordnen sind. Beginnen werden wir mit Personalentscheidungen. Schuhmacher verweist auf die Webseite psychologie.de, die angibt, dass jährlich 30–50 Mio. Personalentscheidungen getroffen werden (vgl. Schuhmacher 2014, S. 11). Davon, so Glock, würden sich rund fünf bis fünfundzwanzig Prozent als falsch herausstellen (vgl. Glock 2018, S. 273). Sie ergänzt, dass die

Kosten für Fehlbesetzungen durch Personalentscheidungen nicht nur zu einem erheblichen monetären Verlust führen würden, sondern auch die Reputation des Unternehmens negativ beeinflussen können (vgl. ebd.). Mit Personalentscheidungen sind zum Beispiel Auswahlentscheidungen bei innerbetrieblichen Stellenbesetzungen bzw. für die Aufnahme in Fördermaßnahmen oder aber im Rahmen der Zusammenstellung von Projektteams gemeint. Daraus wird deutlich, dass Auswahlentscheidungen damit einen direkten Einfluss auf die Wertschöpfung im Unternehmen haben (vgl. Schuhmacher 2014, S. 12). Neben den genannten monetären und Reputationsgründen können aber auch kulturelle Konflikte innerhalb des Unternehmens im Zusammenhang mit personellen Fehlentscheidungen stehen. Es lohnt sich daher einen Blick auf die Prozesse im Zuge von Personalauswahlentscheidungen zu treffen.

Schumacher unterscheidet hier in die *extensive Search* und die *intensive Search*. Während bei ersterer möglichst viele Quellen erschlossen würden, um eine größtmögliche Anzahl geeigneter Kandidaten für eine Personalauswahl zu identifizieren, sei es bei der intensive Search so, dass für jeden Kandidaten möglichst viele Informationen gesammelt werden, um zu einer bestmöglichen Einschätzung zu gelangen (vgl. ebd., S. 13). Gemäß einer Studie von Kleebaur, in der lediglich Unternehmen betrachtet wurden, die mehr als 500 Mitarbeiter beschäftigen, würde die Personalauswahl in folgenden Schritten ablaufen (ebd. S. 15):

1. Ermittlung freier Stellen anhand einer Bedarfsanalyse durch den Personalbereich.
2. Erstellung eines Anforderungsprofils in Zusammenarbeit mit dem Fachbereich.
3. Festlegung der Rekrutierungsstrategie (interne oder externe Rekrutierung).
4. Initiierung der Personalsuche und des Personalmarketings.
5. Vorauswahl eingehender Bewerbungen – meist anhand einer Analyse der Bewerbungsunterlagen durch die Personalabteilung.
6. Ein bis zwei Bewerbungsinterviews mit Vertretern aus Personal- und Fachabteilung.
7. Gemeinsame Entscheidungsfindung.
8. Vertragsangebot bzw. -verhandlung mit dem Bewerber.

Hierbei wird deutlich, dass zwar die Fachabteilung (wenn auch nach Ansicht des Autors zu spät) in die Entscheidung integriert wird, ein wesentlicher Schritt der wissensbasierten Entscheidungsfindung außer Acht gelassen wurde – das übergeordnete Ziel einer Personalentscheidung. So könnte nämlich durchaus die Frage diskutiert werden, OB überhaupt jemand eingestellt werden muss.

Unter dem Begriff *New Work* wird die neue Arbeitsweise der heutigen Gesellschaft im globalen und digitalen Zeitalter verstanden (vgl. Gründerszene.de 2019, o. S.). Ein Teil der New Work geht zum Beispiel davon aus, dass viele Arbeits-

6.5 Personalentscheidungen

schritte auch von Freelancern oder von virtuellen Teams erledigt werden können. Also von (freien) Mitarbeiter, die vielleicht in Indien, der Ukraine oder auf den Philippinen sitzen. Bevor also überhaupt der o. a. Prozess in Gang gebracht wird scheint es empfehlenswert zu sein, über Alternativen zu Festanstellungen nachzudenken, wenn es die existierenden Anforderungen hergeben. Virtuelle Teams haben neben erheblichen Kosteneinsparungspotenzialen auch den Vorteil, projektbasiert Unterstützung zu bekommen, ohne sämtliche mit einer Festanstellung einhergehenden Umstände (Sozialabgaben, Prozess der Personalauswahl, Infrastruktur des Arbeitsplatzes etc.) in Anspruch zu nehmen. Selbstverständlich existieren auch Nachteile wie zum Beispiel Sprachbarrieren, verschiedene Zeitzonen oder die Frage einer etwaigen Regressregelung.

Da die Vorteile jedoch immens sind scheint es empfehlenswert zu sein, diese Frage standardisiert vor jeder Personalentscheidung zu diskutieren. Ein weiterer Kritikpunkt am genannten Auswahlprozess ist dem Punkt 5 zuzuordnen, in dem auch der Schritt der Analyse der Bewerbungsunterlagen erfolgt. Ein nicht unwesentlicher Teil jener Bewerbungsunterlagen sind nämlich Arbeitszeugnisse. Bekanntermaßen besteht in Deutschland ein Rechtsanspruch auf ein wohlwollend formuliertes Arbeitszeugnis (vgl. Glock 2018, S. 273). Da viele dieser Arbeitszeugnisse von den Arbeitnehmern selbst verfasst werden, diese jedoch in den seltensten Fällen die so genannte Zeugnissprache beherrschen, ist später kaum mehr eine adäquate Beurteilung der Bewerber möglich. Mehr noch, wissenschaftlichen Forschungen zufolge bestätigen Arbeitszeugnisse nur eine geringe Kriterium bezogene Validität (vgl. ebd., S. 274). Als Alternative zu Arbeitszeugnissen empfiehlt Glock als Quelle eher Referenzen über den Bewerber bzw. die Bewerberin einzuholen. Jene Referenzen können von ehemaligen Kollegen oder Vorgesetzten verfasst werden und sind zumeist aussagefähiger als die (zumeist selbst verfassten) Arbeitszeugnisse.

Eine weitere Quelle, die in dem zuvor genannten Prozess nicht auftaucht, sind psychometrische Verfahren. Jene Verfahren sind eine Reihe von Fragen, Aufgaben oder praktische Arbeiten, die eine Beurteilung im Hinblick auf Persönlichkeit, Wissen, Befähigung oder Erfahrung einer Person ermöglichen (vgl. onpulson.de 2019, o. S.). Ein wesentliches Kriterium, das aus Erfahrung des Autors immer wieder genannt wird, um die passenden Mitarbeiter zu finden, lautet: *er/sie muss ins Team passen*. Nur, wie findet man das in einem angemessenen Zeitrahmen heraus? Wenn die Personalabteilung etwa eine Stelle neu besetzen muss, weil ggf. der Mitarbeiter Horst Mustermann das Unternehmen verlassen hat, heißt es nicht selten von den Kollegen aus der Fachabteilung, dass sie sich jemanden wünschen wie den Horst, der gerade gegangen ist. Das ist freilich schwer quantifizierbar. Hier könnte etwa das psychometrische Verfahren *profiling values* helfen. Dieses Verfahren misst, anders als viele andere Methoden, basierend auf dem Wertesystem des Probanden dessen Persönlichkeitsmerkmale und Fähigkeiten. So könnte etwa ein Unternehmen diejenigen Mitarbeiter bitten, welche bereits eine Weile im Unternehmen tätig sind und ein gewisses Wissen angehäuft haben, standardisiert das Verfahren zu absolvieren und ein Profil zu erstellen.

Sollten sie dann einmal das Unternehmen verlassen könnten neue Bewerber, die in die engere Wahl gelangen, das Verfahren ebenfalls absolvieren und würden so am Profil des vorherigen Kollegen gematcht. Darüber hinaus können weitere Tools helfen, bessere Personalentscheidungen zu treffen. *Precire.com* analysiert Gespräche von Bewerbern (etwa im Telefoninterview) und kristallisiert so wertvolle Fähigkeiten und Eigenschaften heraus. Bunch.ai gelingt es etwa ebenfalls über die Analyse von Texten Aussagen über die Kultur von Unternehmen zu treffen. Wenn hier mehr Klarheit herrscht wird auch deutlicher, welche Mitarbeiter ins Unternehmen passen und nach wem man suchen sollte.

Schließlich greift der skizzierte Prozess die Intuition im Rahmen von Personalentscheidungen nicht auf. Schumacher spricht sich sogar dafür aus, diese explizit aus Auswahlentscheidungen herauszuhalten (vgl. Schuhmacher 2014, S. 19). Davor kann hier nur ausdrücklich gewarnt werden. Man möge sich doch folgendes vorstellen: angenommen ein Bewerber passt aufgrund seiner Bewerbungsunterlagen und seiner Assessmentcenter-Ergebnisse perfekt auf die ausgeschriebene Stelle, aber sowohl der Chef, die Personalerin als auch der Kollege aus der Fachabteilung haben nach dem persönlichen Gespräch ein ungutes Bauchgefühl. Soll man das etwa ignorieren? Wohl kaum. Die Frage ist doch eher, *wann* man so ein Bauchgefühl berücksichtigt und wie man es ins Verhältnis zu den übrigen Informationen setzt.

Last, but not least, wird empfohlen, ein entscheidungsunterstützendes Tool zu verwenden, um die Komplexität zu reduzieren, die eine solche Entscheidung mit sich bringt. Es möge bedacht werden, dass ein Ranking aus 2–3 Kandidaten mit jeweils 4–6 Kriterien unter Verwendung der Prämissen und der jeweiligen (Kopf- und Bauch-)Bewertungen aller in die Entscheidung involvierten Personen zu berechnen. Hier kann eine Excel-Tabelle oder das bereits erwähnte Tool *proofler.com* unterstützen.

Abschließend wird nachstehend eine Alternative zum vorab ausgeführten Entscheidungsprozess dargelegt, welcher die als fehlend identifizierten Zwischenschritte enthält und die Chance erhöht, eine Fehlentscheidung zu vermeiden:

1. Feststellen des Bedarfs an personeller Unterstützung.
2. Definieren des übergeordneten Ziels der Personalentscheidung (Eignen sich auch temporäre Lösungen wie etwa ein virtuelles Team aus Freelancern?) ge-

meinsam mit dem Fachbereich und Erarbeitung von geeigneten Auswahlkriterien.
3. Erstellung eines Anforderungsprofils in Zusammenarbeit mit dem Fachbereich unter Verwendung psychometrischer Verfahren.
4. Festlegung der Rekrutierungsstrategie (interne oder externe Rekrutierung).
5. Initiierung der Personalsuche und des Personalmarketings.
6. Vorauswahl eingehender Bewerbungen – meist anhand einer Analyse der Bewerbungsunterlagen durch die Personalabteilung unter Verwendung von Referenzen.
7. Ein bis zwei Bewerbungsinterviews mit Vertretern aus Personal- und Fachabteilung.
8. Berücksichtigung der Intuition des in die Entscheidung involvierten Mitarbeiter
9. Berechnung des Rankings der Bewerber basierend auf den Faktenbewertungen und der Intuition der Personal- und Fachabteilung.
10. Gemeinsame Entscheidungsfindung.

6.6 Entscheidungen bei der Geschäftsmodellentwicklung

Die nachfolgenden Kapitel widmen sich Fragestellungen, die an Komplexität gegenüber den bisher diskutierten Fällen deutlich zunehmen. Waren Sie in einigen privaten Situationen entweder allein der Entscheider, oder aber mussten im Bereich Personal lediglich eine Stelle besetzen, werden in den nächsten Fällen zusätzliche Komponenten die Komplexität der Entscheidung erhöhen. In den folgenden Kapiteln werden Entscheidungen diskutiert, in denen jeweils das Geschäftsmodell eines Unternehmens eine Rolle spielt.

Als Geschäftsmodell soll hier verstanden werden, dass es die Wertschöpfung eines Unternehmens unter Berücksichtigung aller involvierten Stakeholder beschreibt. Zum besseren Verständnis werden nachfolgend die Einzelteile eines Geschäftsmodells anhand des Business Model Canvas (siehe Abb. 6.1) aufgeführt, einem Framework, mit dem diese sodann strukturiert kommuniziert werden können (vgl. Osterwalder und Pigneur 2011, S. 24 ff.):

1. **Wertangebot**: Beschreibt das Angebot, den Nutzen bzw. wie welches Problem gelöst wird.
2. **Kundensegmente**: Hier wird skizziert, an wen sich das Produkt richtet.

Abb. 6.1 Das Business Modell Canvas (Eigene Darstellung basierend auf Osterwalder und Pigneur 2011, S. 22 f.)

3. **Kundenbeziehungen**: Beschreibt, wie Kunden gewonnen bzw. wie die Beziehungen zu ihnen auf- und ausgebaut werden.
4. **Kanäle**: Beschreibt, über welche Touchpoints die Kunden von dem Produkt erfahren bzw. wie sie es beziehen können.
5. **Einnahmequellen**: Hier wird das Erlösmodell beschrieben sprich der Teil des Geschäftsmodells, mit dem man Geld verdient.
6. **Kostenstruktur**: Hier werden alle Kosten beschrieben die anfallen, damit das Geschäftsmodell funktioniert.
7. **Schlüsselressourcen**: Meint die Kernressourcen, die nötig sind, damit ein Geschäftsmodell funktioniert.
8. **Schlüsselpartner**: Beschreibt die wichtigsten Partner eines Unternehmers, die zum Gelingen des Geschäftsmodells beitragen.
9. **Schlüsselaktivitäten**: Beschreiben jene Dinge, die ein Unternehmen umsetzen muss, damit ein Geschäftsmodell funktioniert bzw. damit es sich weiterentwickelt.

Die neun Felder machen bereits deutlich, dass Entscheidungen im Rahmen einer Geschäftsmodellentwicklung wesentlich komplexer sind, als etwa Kauf- oder Personalentscheidungen, da mithin nicht eine, sondern im Kern neun Entscheidungen getroffen werden müssen. Dabei ist es unerheblich, ob ein bestehendes Unternehmen ein Geschäftsmodell im Rahmen einer Ausgründung einer Tochtergesellschaft entwickelt, oder aber ob dies ein Startup zu Beginn seiner Unternehmung tut. Jede der neun Unterentscheidungen kann das Scheitern des gesamten Vorhabens nach sich ziehen.

6.6 Entscheidungen bei der Geschäftsmodellentwicklung

So kann die Unternehmung scheitern, wenn man sich für das falsche Erlösmodell entscheidet, weil es dann ggf. nicht profitabel ist. Entscheidet man sich für die falschen Kanäle ist ein Scheitern wahrscheinlich, weil man die Zielgruppe nicht erreicht. Oder aber das Vorhaben bleibt erfolglos, weil das Angebot zu wenig Interessenten findet.

Tatsächlich sind sogar innerhalb der meisten der neun Bereiche des Geschäftsmodells bisweilen mehrere Entscheidungen zu treffen. Etwa beim Erlösmodell existieren dutzende Möglichkeiten, wie Umsätze generiert werden können. Der Direktabsatz ist insbesondere in der digitalen Welt da schon fast die Ausnahme. Konzepte, dass Nutzer ein Angebot kostenlos verwenden können und dadurch eine attraktive Werbeplattform für Dritte werden, sind da schon eher die Regel.

Auch beim Bereich Kundenbindungsmaßnahmen existieren mindestens ebenso viele Optionen. Hier gibt es zum einen Klassiker wie das Geschäftsmodellmuster *Lock In* (Kunde wird in die Welt des Unternehmens „eingesperrt"). Zum Beispiel kann man in HP-Druckern nur deren Druckerpatronen verwenden. Oder aber zum anderen das Muster *Flatrate* bei Netflix kann ich für einen festen mntl. Betrag unbegrenzt die verfügbaren Inhalte streamen.

Jene Muster gehen zurück auf einen Ansatz der als *Business Model Navigator* bezeichnet wird und mit dem man 60 Muster, die sich bereits mehrfach in anderen Geschäftsmodellen bewährt haben, auf das eigene Unternehmen angewendet (vgl. Gassmann et al. 2017, S. 162 ff.).

Wenn also Entscheidungen im Rahmen einer Geschäftsmodellentwicklung getroffen werden sollen, gilt es erneut mit dem übergeordneten Ziel zu beginnen. Für jedes der neun Felder ist dieses Ziel zu bestimmen. Zum Beispiel:

- **Kundensegmente**: Welche Zielgruppe bietet die höchste Wahrscheinlichkeit, unser Produkt zu kaufen, bzw. unsere Dienstleistung zu nutzen?
- **Erlösmodell**: Wie können wir am einfachsten so viel Geld verdienen, dass wir schnellstmöglich profitabel werden und dadurch wachsen?
- **Kanäle**: Wie erreichen wir am treffsichersten unsere Zielgruppe und welcher Zeitpunkt ist am geeignetsten, ihnen unser Angebot vorzustellen?

Als nächstes sind umfassende Recherchen vonnöten, um aufgrund der beschafften Informationen adäquate Entscheidungen zu treffen. Der Autor hat hierfür das *Startup-Intelligence-Modell* entwickelt, das sich insbesondere für Startups und KMUs eignet (vgl. Pioch 2018, S. 12 ff.). Exemplarisch am Beispiel des Erlösmodells beschrieben würde dies bedeuten, zunächst die Kaufkraft der Zielgruppe zu analysieren und mithin die Zahlungsbereitschaft für das entsprechende Angebot reliabel zu erfragen.

Darüber hinaus sollte nach jenen Mustern aus dem Business Model Navigator gesucht werden, die auf das eigene Geschäftsmodell angewendet werden können. Auch hier müssen sodann mehrere Entscheidungen getroffen werden. Hilfreich ist hier eine entsprechende Analyse des direkten Wettbewerbs um zu erfahren, welches Erlösmodell diese nutzen.

Ferner sollten externe Experten wie zum Beispiel Branchenverbände befragt werden, da auch dort die Muster bekannt sind, die sich in der jeweiligen Branche bewährt haben, oder aber regelmäßig scheitern.

Es wird zudem dringend empfohlen, den gesamten Prozess der Informationsbeschaffung zu dokumentieren und etwa über geeignete Cloud-Lösungen wie z. B. Google Docs im Team zu teilen. Die Bedeutung einer Geschäftsmodellentscheidung geht weit über die Kaufentscheidung eines Wohnmobils hinaus, weshalb hier ein entsprechender Aufwand betrieben werden sollte.

Die besagte Dokumentation sollte in einem Rechercheprotokoll erfolgen, das es auch im Nachhinein ermöglicht, nachzuvollziehen, woher welche Information kam.

Darüber hinaus dürfte es vorkommen, dass sowohl bei der Befragung potenzieller Kunden als auch bei Experteninterviews widersprüchliche Aussagen zutage treten. So wird es potenzielle Kunden geben, welche die Thesen der Unternehmer stützen und andere, die gegenteilig argumentieren. Hier kann es helfen, unter Nutzung der Delphi Methode[1] entsprechend so lange nachzuhaken, bis die Gründe für die abweichenden Meinungen eingeordnet werden können.

Ferner sollten die beschafften Informationen auf Richtigkeit und Plausibilität überprüft werden (Verifikation). Auch dadurch entsteht ein gewisser Aufwand, sichert aber die Qualität der zu treffenden Entscheidung ab. Dazu gehört auch das Untersuchen von Widersprüchen von beschafften Studien. Hier sei auf das Abschn. 3.3 verwiesen, in dem es um statistische Effekte geht.

In den verschiedenen Zwischenschritten ist dringend zu empfehlen, in kleineren Teams zu entscheiden und nicht allein. Hier bietet sich etwa ein Bereich aus der agilen Methode *scrum* an, bei der die Aufwände für Elemente der zu programmierenden Software um ein Vielfaches schneller und präziser im Team geschätzt werden können, als würde dies der Entscheider allein tun.

So könnte es sein, dass für einen Teil der Software drei der fünf Teammitglieder der Meinung sind, dass der Aufwand drei Tage beträgt, ein Mitglied schätzt den Aufwand auf fünf Tage und ein Kollege gar auf sieben Tage.

---

[1] Die Delphi Methode ist ein Verfahren aus der empirischen Sozialforschung, welches durch mehrere Schleifen im Rahmen von qualitativen Interviews die Gründe für abweichende Meinungen aufdeckt und idealerweise zu einem Konsens in der Expertenrunde führt.

In einer anschließenden Diskussion können die beiden Kollegen mit der skeptischeren Schätzung dann darlegen, wie sie darauf kommen. Anschließend ist es das Ziel, in der Gruppe einen Kompromiss zu finden, für den man sich entscheiden kann. Jener Prozess ist nicht nur wesentlich schneller und genauer, er führt auch dazu, dass sich alle mit der getroffenen Entscheidung identifizieren können.

Auch im Rahmen dieser Entscheidung bietet es sich an, entsprechende Kriterien zu vergeben, um etwa die Auswahl geeigneter Erlösmodelle zu finden. So könnte es zum Beispiel wichtig sein, dass die Erlösmodellmuster, für die man sich entscheidet, auch zu den Werten der Unternehmung passen. So scheint es mithin nicht sonderlich passend zu den Werten eines Krankenhauses zu sein, wenn es auf seiner Webseite Werbung schaltet, so plausibel dies aufgrund des nicht unerheblichen Traffics auch sein möge. Genauso wenig passend scheint zum Beispiel der Kanal Facebook zur Kundenansprache für Bestattungsunternehmen zu sein.

Nachdem die einzelnen Optionen sowie die dazugehörigen Kriterien gewichtet und bewertet wurden folgt abermals die Integration der Intuition der Entscheider. Auch hier sollten somatische Marker nicht ignoriert werden, wenn es etwa darum geht, dass die eine oder andere Strategie nicht zu passen scheint, oder aber umgekehrt es sich aller Fakten und Ratio zum Trotz richtig anfühlt. Abschließend kann auch bei Entscheidungen im Rahmen von Geschäftsmodellentwicklungen nur dringend dazu geraten werden, sich, so irgend möglich, ausreichend Zeit zu lassen. Jene Entscheidungen sind dermaßen komplex, dass ad hoc Entschlüsse unbedingt verhindert werden sollten, um Entscheidungsfehler zu vermeiden.

▶ Zusammenfassend ist festzuhalten, dass Entscheidungen im Zuge von Geschäftsmodellentwicklungen wesentlich mehr Zeit in Anspruch nehmen als etwa private Entscheidungen. Hintergrund ist zum einen die gesteigerte Komplexität, der Umstand, dass es wesentlich länger dauert, die nötigen Informationen zu beschaffen und die Wahrscheinlichkeit, dass jene Entscheidungen im Team getroffen werden.

6.7 Entscheidung für eine Digital-Agentur

Das nun folgende Beispiel soll einen Fall beschreiben, wenn sich etwa ein mittelständisches Unternehmen für die Zusammenarbeit mit einer Digitalagentur entscheidet. Der Autor hat mehrere solcher Fälle miterlebt, da er bisweilen als Experte um eine Empfehlung bzw. eine Einschätzung gebeten wurde. Häufig werden solche Entscheidungen im Zuge einer Digitalisierungsstrategie angestoßen, um die es im nächsten Fall gehen wird. Die Wirksamkeit und Eignung des wissensbasierten Entscheidens soll einführend an einem Beispiel aufgezeigt werden, das so tatsächlich stattgefunden hat und das wir in Abschn. 2.1 bereits kennen gelernt haben. Erinnern wir uns noch einmal:

In besagtem Projekt ging es darum, dass ein Hersteller von Trinkwasserrohren aus Plastik unbedingt eine neue hochwertige Webseite entwickeln lassen wollte. Warum? Nun, weil er gehört hatte, dass das schließlich wichtig sei. Das Trinkwasserrohr-Unternehmen war entsprechend im Dialog mit unterschiedlichen Digitalagenturen, welche den Auftrag umsetzen sollten. Der Autor betreute damals die inhaltliche Recherche der Agentur, welche den Zuschlag erhalten hat und sprach in diesem Zusammenhang mit potenziellen Kunden des Unternehmens – mit Installateurfirmen, die jene Rohre verbauen. Mit dem Ergebnis, dass nicht einer der Klempnermeister auch nur ein einziges Mal seine Entscheidung für den Einkauf von Plastikrohren davon abhängig gemacht hat, wie die Webseite eines Anbieters gestaltet war!

Das ist denen nämlich reichlich egal. Da geht es um ganz andere Aspekte, etwa ob der Bauträger die Rohre zulässt, oder welche Anbieter der Großhändler im Repertoire hat, der der Baustelle am nächsten liegt. In dem Fall des Trinkwasserrohrherstellers wäre tatsächlich eine App viel schlauer gewesen, die dem Installateur anzeigt, bei welchem Großhandel in der Nähe der Baustelle dessen Rohre zu welchem Preis erhältlich sind.

Dieses Beispiel zeigt auf, dass es ein weiteres Mal darauf ankommt, zu Beginn einer Entscheidung das übergeordnete Ziel zu formulieren. Dies ist dermaßen wichtig, dass es gar nicht oft genug betont werden kann. Vergleichbar mit dem anderen Beispiel aus Abschn. 2.1, dem des Masterinteressenten Lukas, ist nämlich auch in dieser Situation womöglich die beste Option eine, die überhaupt nicht im Fokus der Entscheider lag. Schauen wir uns das etwas näher an. Was war denn der Grund, warum sich der Trinkwasserrohrhersteller für eine Digitalagentur entscheiden wollte? Er nahm an, dass er durch eine neue Webseite mehr Umsatz generieren würde. Da er nicht über die Kompetenzen verfügt, eine Webseite zu programmieren wandte er sich an verschiedene Agenturen.

Hier lassen sich zwei Fehler finden. Einen auf der Seite des Trinkwasserrohrherstellers und einen auf Seiten der Agenturen. Ersterer ist dem Fehler aufgesessen, nicht mit dem Kommunikationsziel an die Agentur heranzutreten und diese damit zu beauftragen, ein entsprechendes Kommunikationsinstrument auszuwählen. Ein Klassiker, der täglich vermutlich hunderte Male stattfindet. Leider geschieht das immer dann, wenn Menschen mit gefährlichem Halbwissen unterwegs sind so nach dem Motto: Andere machen Umsatz mit einer Webseite, ich möchte mehr Umsatz, also brauche ich auch eine Webseite. So weit, so unlogisch. In der

6.7 Entscheidung für eine Digital-Agentur

Medizin kämen vermutlich auch die wenigsten Patienten auf die Idee, dem Arzt zu sagen, welche Therapie oder welche Medizin er ihnen verordnen soll, wenn sie gar nicht wissen was ihnen fehlt.

Zielführender wäre es demnach gewesen, zu verschiedenen Agenturen zu gehen und zu äußern, dass man Trinkwasserrohre herstellt, Klempnerfirmen als Kunden hat und denen mehr verkaufen möchte. Punkt. Wie die Agenturen das anstellen ist deren Sache. Seitens der Agentur ist wiederum der Fehler passiert, dass diese nicht mutig genug war, dem Kunden zu erklären, dass eine Webseite womöglich nicht das geeignete Instrument ist. Verglichen mit dem Zahnarztbeispiel aus Abschn. 6.2 hätte dann nämlich die Gefahr bestanden, dass ein Dritter den Auftrag bekommt, wenn etwa die angefragte Agentur keine Apps programmieren kann.

Um den Prozess der Sensibilisierung abzuschließen hier noch zwei weitere kurze Beispiele. Auch ein griechisches Restaurant in einer Großstadt könnte ggf. besser beraten sein, keine eigene App zu entwickeln, mittels derer Kunden sich Gerichte nach Hause bestellen können. Bei dem hart umkämpften Suchwortmarkt würde es vermutlich dem kleinen Restaurant unmöglich sein, bei entsprechenden Suchanfragen auf den vorderen Plätzen gerankt zu werden. Selbst wenn sie mittels Suchmaschinenwerbung eine SEA-Kampagne aufsetzen, würden die Klickpreise astronomisch sein. Darüber hinaus müssten sie die App unter hohen Kosten entwickeln und selbst pflegen, was auch kaum in einem adäquaten Kosten-Nutzen-Verhältnis steht. Hier würde das Kommunikationsziel (Wir wollen unsere Zielgruppe dazu bringen, bei uns online Essen zu bestellen.) vermutlich viel schneller und vor allem kostengünstiger erreicht werden, entschied man sich für die Kooperation mit einem großen Player wie zum Beispiel Lieferheld.de oder deliveroo.de.

Das gleiche gilt für den „Tante Emma Laden" an der Ecke, oder ein inhabergeführtes Fahrradgeschäft, im Kiez, das auch Reparaturen anbietet. Auch hier könnte das Kommunikationsziel (Wir wollen im Netz sichtbar sein und bei Google gefunden werden, um mehr Kunden in den Laden zu lotsen.) besser erreicht werden, indem man gar keine eigene Webseite einrichtet, sondern mit einem Anbieter wie findeling.de zusammenarbeitet. So hat man keine hohen Wartungskosten und nutzt deren exzellent suchmaschinenoptimierte Seite, um entsprechend gefunden zu werden.

Angenommen das Unternehmen hätte sich wie empfohlen verhalten und 3–4 Agenturen angefragt, könnte nunmehr wie folgt verfahren werden. Es sollten zwingend diejenigen Personen in den Entscheidungsprozess integriert werden, die später auch maßgeblich mit ihnen zusammenarbeiten werden. Sollte es sich um einen größeren Auftrag handeln, sodass die Agenturen sogar einen Pitch abliefern müssen, wird empfohlen, dass auch diejenigen Personen seitens der Agentur anwesend sind, die während des Projekts als Hauptansprechpartner fungieren. Das Kriterium

„Sympathie" ist nicht zu unterschätzen, immerhin verbringen die Personen eine gewisse Zeit miteinander. Um auf geeignete Agenturen zu kommen wird neben der Suche auf Google auch empfohlen, in sozialen Netzwerken wie etwa Xing oder LinkedIn bei den eigenen Kontakten nach Empfehlungen zu fragen. Hier können entsprechende Erfahrungswerte vor bösen Überraschungen schützen. So wäre etwa denkbar, dass die Ansprechpartner im Customer Service seitens der Agentur in der Phase der Anbahnung sehr freundlich und zugewandt sind, diese jedoch plötzlich bei ersten Beschwerden oder gar Regressanmeldungen ein ganz anderes Gesicht offenbaren. Als weitere geeignete Kriterien haben sich folgende Aspekte erwiesen, um eine gute Entscheidung in bei der Auswahl einer Digitalagentur zu treffen:

- **Entfernung**: Auch, wenn man viele Dinge via Skype, Zoom oder am Telefon klären kann, so geht doch nichts über ein Gespräch von Angesicht zu Angesicht.
- **Spezialisierung**: Spitz statt breit! Marketing gelingt zumeist dann, wenn die Kommunikation genau auf die Bedarfe der Zielgruppe ausgerichtet ist und man deren Nerv trifft. Also wenn Sie mit einer Agentur zusammenarbeiten, die eine Art Fulfillment-Angebot wie zum Beispiel Corporate-Design, Webentwicklung, SEO + SEA und auch noch Radiospots anbietet, sollte sie sich zwingend auf eine Branche spezialisiert haben, also zum Beispiel auf Handwerker. Bietet eine Agentur nur einen Bereich an, zum Beispiel SEO-Dienstleistungen, ist es zu vernachlässigen, dass diese sich auf eine Branche spezialisiert hat.
- **Reputation**: Was sagen die Kunden der Agentur, mit der Sie verhandeln? Sind sie zufrieden und äußern dies auch öffentlich?

Sie sehen, die Kosten tauchen nicht darin auf, weil diese ohnehin in einem gewissen Rahmen vergleichbar sind. Keine Agentur kann es sich leisten, bei einem vergleichbaren Angebot überbordend teuer zu sein. Natürlich sollen Sie Preise vergleichen und das Angebot muss in Ihr Budget passen, keine Frage. Nur gibt es aus Sicht des Autors wesentlich wichtigere Kriterien, die bei der Entscheidung für eine Digitalagentur zu beachten sind. Am Ende sollten Sie auch hier nach Auswertung aller Fakten erneut auf Ihr Bauchgefühl hören, es weiß vermutlich Dinge, die Ihnen noch nicht bewusst sind.

▶ Zusammenfassend sei gesagt, dass das übergeordnete Ziel hinter der Entscheidung für eine Digitalagentur von immenser Bedeutung ist. Diskutieren Sie in der Anbahnung Ihr *Ziel* und nicht das *Instrument* von dem Sie annehmen, dass Sie damit Ihr Ziel erreichen. Integrieren Sie die wichtigsten Mitarbeiter des Projekts in die Entscheidung, fragen Sie in geschäftlichen Netzwerken nach Empfehlungen und wählen Sie kluge Kriterien, um die Angebote sodann zielführend zu bewerten.

6.8 Entscheidungen im Rahmen der Digitalisierungsstrategie

Auch wenn die Digitalisierung schon vor über 20 Jahren begonnen hat, entdecken sie momentan immer mehr Unternehmen erst jetzt für sich. Immerhin. In diesem Zusammenhang sind unzählige Entscheidungen zu treffen, für die sich der hier vorgestellte Ansatz eignet. Nachfolgend werden nur einige der in diesem Zusammenhang denkbaren Fragen aufgeführt, die es ggf. zu entscheiden gilt:

- Welchen Teil unseres Geschäftsmodells sollten wir digitalisieren?
- Welche neuen Produkte/Dienstleistungen sollten wir entwickeln?
- Welche Daten sollten wir erheben, um daraus hilfreiche Erkenntnisse zu gewinnen?
- Welche zusätzlichen Erlösmodelle lassen sich in unser Geschäftsmodell integrieren?
- Welche Maßnahmen sollten wir ergreifen, um unsere Mitarbeiter dabei mitzunehmen?

Diese Liste ließe sich noch um diverse Punkte erweitern, das Feld ist einfach sehr groß. Es wird jenen Unternehmen gelingen, die Chancen der Digitalisierung erfolgreich zu nutzen, die hier kluge Prozesse entwickeln und Entscheidungen treffen, die anschließend auch tatsächlich umgesetzt werden (vgl. Pioch et al. 2018, S. 36 ff.). Insofern unterscheidet sich dieser Fall von denen der Personalentscheidung und der Auswahl einer Digitalagentur. Zwar sollte auch in diesen beiden Fällen geeignete Mitarbeiterinnen und Mitarbeiter integriert werden, aber im Rahmen von Entscheidungen, die eine Digitalisierungsstrategie betreffen, ist dies noch weitaus wichtiger.

Hier sind nämlich die Auswirkungen für das Kollegium bisweilen um ein Vielfaches höher, als wenn eine neue Kollegin ins Team kommt, oder die Agentur „XY" die neue Webseite entwickelt. Entscheidungen im Rahmen von Digitalisierungsstrategien erfordern oftmals erhebliche Veränderungen für die Mitarbeiter, die nicht selten von Ängsten begleitet werden. So macht sich ggf. die Kollegin aus der Buchhaltung zurecht Sorgen um ihren Job, wenn eine Software eingeführt werden soll, die sie praktisch arbeitslos macht. Auf der anderen Seite sehen zum Beispiel gerade ältere Kollegen die Einführung von Online-Projektmanagement-

oder CRM-Lösungen kritisch, weil sie den Umgang mit solchen Tools schlichtweg nicht kennen und sie eher als Bedrohung ansehen denn als Chance.

▶ Es genügt also nicht, gute Entscheidungen zu treffen, es müssen auch die Voraussetzungen geschaffen werden, damit sie anschließend tatsächlich umgesetzt werden.

Exemplarisch wollen wir uns hier einmal einen denkbaren Entscheidungsprozess für die Frage: „Welche neuen Produkte/Dienstleistungen sollten wir entwickeln?" ansehen. Zunächst formulieren Sie bitte, Sie kennen das ja inzwischen, das übergeordnete Ziel hinter Ihrer Entscheidung. Auch hier ein Beispiel aus der Praxis, um die Sinnhaftigkeit dieses vorgelagerten Schritts abermals zu untermauern. Der Autor bekam die Anfrage seitens eines mittelständischen Unternehmens aus der Industrie, welche digitalen Kanäle er ihnen denn empfehlen könne. Nach einer entsprechenden Analyse des Geschäftsmodells lautete die Antwort des Autors, dass das Unternehmen kein Digitalisierungsproblem, sondern ein Geschäftsmodellproblem hat und es sich zunächst darum kümmern sollte.

Hintergrund war, dass ca. 80 % der Kunden des besagten Unternehmens Automobilhersteller und Automobilzulieferer sind und es diese mit Kühl- und Schmierstoffen beliefert. Beschäftigt sich das Unternehmen nun lediglich damit, wie es die Chancen der Digitalisierung mit eben jener Kundengruppe nutzen kann, droht womöglich ein böses Erwachen. Dann nämlich, wenn sich die Automobilproduktion radikal ändert, hinsichtlich der Stückzahl und der Antriebsart, was sich wiederum direkt auf den Verbrauch von Kühl- und Schmierstoffen auswirkt. Das übergeordnete Ziel hinter der Frage: „*Welche neuen Produkte/Dienstleistungen sollten wir entwickeln?*" kann nur lauten: „*Wie wollen wir innovativ bleiben und die Chancen der Digitalisierung nutzen, um unsere Umsätze zu erhöhen?*" Wenn jedoch, wie im genannten Beispiel, das vorliegende Geschäftsmodell hochgradig gefährdet ist, nützt bisweilen die beste Digitalisierungsstrategie nichts, wenn das bestehende Geschäftsmodell disruptiert, also zerstört wird. Als Bespiel können Sie sich vorstellen, wie sinnvoll es gewesen wäre, wenn Kodak eine ganz wunderbare Webseite mit Online-Shop entwickelt und diese mit passenden Facebook-Kampagnen flankiert hätte, um analoge Filme zu vermarkten. Sie wären genauso gescheitert, wie jede Videothek, die gleiches für VHS-Kassetten versucht hätte. Der Autor hat hierzu einen Ansatz namens „Die digitale Achillesferse" entwickelt, der einen initialen Digital-Checkup empfiehlt (vgl. ebd., S. 19 f.). Nachdem jener Checkup abgeschlossen und das bestehende Geschäftsmodell mithin nicht akut gefährdet ist, sollten die in Abschn. 6.6 erwähnten 60 Muster des Business Model Navigators genutzt werden, um auf geeignete Optionen zu stoßen. Denkbar wäre etwa das Muster *Digitilization* das eine digitale Variante eines bereits erfolgreichen analogen Produkts darstellt (vgl. Gassmann et al. 2017, S. 142 f.). Jenes Muster nutzt zum Beispiel der SPIEGEL, indem er eine digitale Version seines Hefts zur Rezeption u. a. auf iPads anbietet. Diese digitale Version des SPIEGELS erscheint früher, kostet weniger und enthält gegenüber dem Heft diverse Medieninhalte wie Interviews oder Multimediaspecials.

Ein weiteres klassisches Geschäftsmodellmuster zur Nutzung digitaler Chancen ist *Affiliation*. Hier geht es darum, Dritten Kunden zuzuführen, und dafür ein Vermittlungsentgelt zu erhalten (vgl. ebd. S. 100 f.). Dieses Muster nutzen häufig Blogger, da ihre Leserschaft die Zielgruppe vieler Unternehmen ist. Durch renommierte Reiseblogs erhalten zum Beispiel Reiseversicherer viele ihrer Kunden. Womit das Stichwort für DIE Quelle im Zuge der Informationsbeschaffung für diese Entscheidung gefallen ist – Ihre Kunden. Sie sind von unschätzbarem Wert, um die richtigen Entscheidungen zu treffen, wenn Sie digitale Chancen nutzen möchten. Sie können Ihnen sagen, über welche Kanäle sie in welcher Form bzw. Intensität kontaktiert werden wollen, wie Produkte gestaltet werden sollen und was sie bereit sind, dafür zu zahlen. Am besten gelingt dies durch den Einsatz von Prototypen, wie wir in Abschn. 6.10 sehen werden.

Abschließend sei empfohlen, einen *Innovationskoeffizienten* zu entwickeln, der Ihnen dabei hilft, sich für diejenigen Digitalisierungsideen zu entscheiden, welche die größte Wahrscheinlichkeit haben, erfolgreich zu sein. Vermeiden Sie es, hier mehr als 6–8 Ideen gleichzeitig zu verfolgen, sonst verzetteln Sie sich. Besagter Koeffizient ist eine Kennzahl, die sich etwa aus drei Unterkennzahlen (nach Schulnotensystem bewerten und anschließend Durchschnitt berechnen) zusammensetzt: *Praktikabilität der Idee, interne Erfahrungswerte dazu vorhanden, Erfolgsaussichten durch Kunden eingeschätzt*. Jene Benotung sollten Sie dann durch ein interdisziplinäres Team von ca. 4–6 Kollegen vornehmen lassen.

6.9 Entscheidung im Zuge einer Existenzgründung

Die Entscheidung, ein eigenes Unternehmen zu gründen, hat gewiss schon vielen Menschen die eine oder andere schlaflose Nacht beschert. Ob man nun ein Startup gründet, das Unternehmen der Eltern übernimmt, oder als Freiberufler sein Glück versucht, eine Existenzgründung bedeutet grundsätzlich einen fundamentalen Schritt, der gut überlegt sein will.

Auch hier ist initial wieder zunächst die Frage nach dem übergeordneten Ziel zu stellen. Worum geht es dem Entscheider bei der Gründung? Folgende Motive sind hier denkbar:

- Ich möchte eine eigene Idee umsetzen und mich dadurch selbstverwirklichen.
- Ich möchte mein eigener Chef werden und kein Angestellter mehr sein.
- Ich möchte durch meine Arbeit selbst entlohnt werden und nicht meinen Chef reich machen.

Die oftmals mit der Entscheidung einhergehende Schwierigkeit ist darin zu sehen, dass sich für viele Leute hier eine entweder/oder-Entscheidung ergibt. Entweder ich bleibe in meinem Job, oder ich kündige und mache mich selbstständig. Dass solche schwarz-weiß-Szenarien nicht zwingend nötig sind und man auch problemlos neben dem Job gründen kann, erfährt man u. a. auf der Plattform *sidepreneur.de*. Der Autor hat in der Regel zwei Arten von Gründern kennen gelernt. Zum einen sind da diejenigen, die den Druck brauchen, sonst werden sie nicht aktiv. Druck meint in diesem Fall, die Tür hinter sich zu zumachen und den Angestelltenjob zu kündigen. Auf der anderen Seite sind wiederum jene Menschen, die durch diesen Druck schlichtweg blockieren würden, sie brauchen stets eine offene Hintertür. Mithin ergibt sich also durch den Ansatz, neben dem Job eine Existenzgründung aufzubauen, eine dritte Option, was wiederum eine und-Entscheidung ermöglicht.

Ob man den Schritt in die Selbstständigkeit wagen sollte, hängt allerdings nicht nur von der Frage des Umfangs und der Idee als solches ab, sondern auch davon, ob einem das überhaupt liegt. Bin ich ein Unternehmertyp? Was ist das eigentlich? Die folgenden Fragen können dabei helfen, diese Entscheidung für sich selbst zu treffen:

- Bin ich jemand, der Dinge aktiv in die Hand nimmt und agiert, oder fühle ich mich wohler, wenn man mir konkrete Anweisungen gibt, was zu tun ist?
- Bin ich in der Lage, die Ungewissheit auszuhalten, ob meine Unternehmung erfolgreich wird und kann ich mit etwaigen Existenzängsten umgehen?
- Kann ich mit Ablehnung umgehen, wenn Kunden „nein!" sagen, oder nehme ich das ggf. persönlich?
- Bin ich in der Lage, Menschen zu überzeugen und meine Idee auch gegen Widerstände durchzusetzen?
- Gelingt es mir, Feedback von Dritten anzunehmen, auch wenn es meine eigene Überzeugung infrage stellt?

6.9 Entscheidung im Zuge einer Existenzgründung

Für die Beantwortung der genannten Fragen sollte man sich viel Zeit nehmen und mehrere Gespräche mit Freunden und Vertrauten führen. Auch der Einsatz psychometrischer Verfahren wie das bereits in Abschn. 6.6 erwähnte Profiling Values kann hier wertvolle Informationen darüber liefern, ob man über unternehmerische Fähigkeiten verfügt, oder eher nicht. Auch kann es hilfreich sein, eine Art *Unternehmerhospitanz* umzusetzen. Damit ist gemeint, dass man als Angestellter mal einen Jahresurlaub dafür verwenden könnte, für drei Wochen das Unternehmersein kennen zu lernen. Wie fühlt es sich an, den Arbeitstag selbst zu strukturieren? Kann ich überhaupt mit dieser Freiheit umgehen? Kann ich mich dauerhaft motivieren, fremde Menschen zu kontaktieren, um ihnen mein Produkt bzw. meine Dienstleistung zu verkaufen (Kaltakquise)? Wenn Sie sich in diesen drei Wochen, in denen Sie das im Schutze des Angestelltenverhältnisses völlig risikolos testen können, schon unwohl fühlen, wäre es vermutlich keine gute Idee, das hauptberuflich zu machen. Vielleicht fordert es Sie ja aber auch heraus und spornt Sie an, dann wissen Sie was zu tun ist.

Neben der Entscheidung, *ob* man sich selbstständig macht und in welcher Form (Vollzeit vs. Teilzeit) steht freilich die Frage im Raum, mit welcher Idee man sich unternehmerisch betätigt und wann der geeignete Zeitpunkt dafür gekommen ist. Hier bedarf es einer klassischen Marktrecherche, die Aussagen über die Machbarkeit (Praktikabilität) und die Skalierbarkeit (Attraktivität des Marktes) ermöglicht. Was die Idee angeht sollte unterschieden werden, ob es sich dabei um ein bereits validiertes Geschäftsmodell wie zum Beispiel eine Zahnarztpraxis handelt, oder ob das ganze einen Innovationscharakter hat, den es zunächst am Markt zu testen gilt. Das Wissen, welches diese Entscheidung maßgeblich beeinflussen sollte, steckt allerdings wieder einmal nicht ich Ihrem Kopf, sondern in denen Ihrer potenziellen Kunden.

Um dieses Wissen zutage zu fördern wird es jedoch nicht ausreichend sein, sie danach zu fragen so nach dem Motto: *Ich möchte ein Portal „XY" gründen, würdest du das nutzen und etwas dafür zahlen?* Die große Schwäche der klassischen Marktforschung ist, dass viele Menschen ihre Bedürfnisse und Präferenzen gar nicht bewusst wiedergeben können. Hätte Steve Jobs im Jahre 2005 eine Umfrage gestartet, wie sich die Leute ein neues Mobiltelefon vorstellen, hätte wohl niemand das iPhone beschrieben. Oder um es mit den Worten von Henry Ford zu sagen: *Wenn ich die Leute gefragt hätte, was sie wollen, hätten sie gesagt: „schnellere Pferde".* Was hier hilft, um Ihnen entscheidungsrelevantes Wissen zu beschaffen, ist abermals der bereits im vorigen Kapitel erwähnte Prototyp. Zeigen Sie potenziellen Kunden was Sie anbieten wollen, anstatt es ihnen zu erzählen. Sie können auch das so genannte „Hollywood-Schild" aufstellen, um dieses Wissen hervorzubringen. Mit dieser Methode ist gemeint, dass Sie gegenüber Ihren potenziellen

Kunden so tun als gäbe es das Produkt bereits. Wenn die Kunden Ihnen dann signalisieren, dass sie es haben möchten und auch bereit sind, die Summe „XY" dafür zu zahlen, lösen Sie das Ganze auf und bitten noch um etwas Geduld, bis das Produkt dann fertig ist. So erfragen Sie dann den tatsächlichen Bedarf, anstatt eines „gefühlt vorstellbaren".

Die skizzierte Methode wird auch als *strategiebasierter Ansatz* bzw. als *Causation* bezeichnet. Dies bedeutet, dass Entscheidungen darauf basieren, welche Ziele die Person mit der Gründung verfolgt und welche Ressourcen und Strategien, basierend auf den Rechercheergebnissen, erforderlich sind, um besagte Ziele zu erreichen.

Dem gegenüber steht die so genannte *Effectuation-Methode*. Sie wurde insbesondere von der indischen Kognitionswissenschaftlerin Saras Sarasvathy beschrieben (vgl. Pioch und Windmüller 2020, S. 107 f.). Die Unterschiede zwischen diesen beiden Ansätzen lassen sich an einem Beispiel am besten verdeutlichen. Stellen wir uns einen Kochabend vor. Der Causation-Ansatz würde wie folgt aussehen: Wir überlegen uns ein Gericht, recherchieren hierfür ein Rezept, dann kaufen wir die Zutaten, vielleicht benötigen wir auch noch das eine oder andere Kochutensil und müssten uns von unserer Mutter noch mal eine Kochtechnik zeigen lassen, damit wir das Gericht so zubereiten, wie es das Rezept vorsieht.

Dem Effectuation-Ansatz zufolge würden wir uns jedoch in der Vorratskammer unserer Küche umsehen und feststellen, welche Zutaten da sind. Dann würden wir herausfinden, welche Kochutensilien in unserer Küche existieren und unsere persönlichen Kochfähigkeiten abrufen. Das heißt, wir legen einfach los und arbeiten mit dem, was wir vorrätig haben. Dabei kommt zwar in der Regel etwas Anderes heraus als beim Rezept, das wir mit dem Causation-Ansatz gekocht haben. Aber das heißt ja noch lange nicht, dass es uns nicht trotzdem schmeckt. Wir funktioniert nun der Effectuation-Ansatz konkret?

Er basiert auf fünf Prinzipien: Das erste heißt *Bird-in-hand* und besagt, dass man mit dem arbeiten sollte, was man kann, beziehungsweise als Ressourcen zur Verfügung hat. Das geht ein wenig einher mit der *Bricolage-Verhaltensweise* von Claude Lévi-Strauss, die im Übrigen auch die Erfinder von MacGyver zu dessen berühmten Improvisationen inspiriert hat. Das zweite Prinzip lautet *Affordable Loss* und geht von der Frage aus, was der Gründer bereit ist zu investieren. Prinzip Nummer drei wird *Crazy Quilt* genannt und geht der Frage nach, wer Interesse daran haben könnte, das eigene Gründungsvorhaben zu unterstützen und vielleicht sogar mitzumachen. Als viertes folgt das *Lemonade-Prinzip* das so viel sagt wie: Betrachte auftretende Überraschungen als Chance und beobachte, welcher Vorteil sich daraus ergibt. Getreu dem Motto: Wenn dir das Leben Zitronen gibt, mache Limonade draus. Schließlich folgt noch Prinzip Nummer fünf, es heißt *Pilot-in-*

the-Plane. Ihm liegt die Logik zugrunde, dass alles, was gesteuert oder kontrolliert werden kann, nicht vorhergesagt werden muss. Oder mit anderen Worten: Nicht die Umwelt steuert den Entrepreneur, sondern der Unternehmer steuert seine Umwelt. Die Effectuation-Methode hilft demnach bei Entscheidungen unter Unsicherheit.

Abschließend hören Sie auch hier bitte wieder auf Ihren Bauch. Wie fühlt er sich an, der Gedanke an die bevorstehende Gründung? Löst er eher Unbehagen und Ängste aus, oder beschert er ihnen das Gefühl von Freiheit und Selbstverwirklichung? Nehmen Sie sich viel Zeit für diese Entscheidung, befeuern Sie Ihre Intuition mit real gemachten Erfahrungen und beschaffen Sie sich das unbewusst vorhandene Wissen Ihrer Kunden, indem Sie sie mit einem Prototyp interagieren lassen, der zeigt was Sie anbieten, anstatt es zu beschreiben. Wenn Ihnen der Markt signalisiert, dass er will was Sie anbieten, wenn Sie das Gefühl haben, ein Unternehmertyp zu sein und wenn Ihr Bauchgefühl ebenfalls positiv ist – go for it!

6.10 Entscheidungen im Zuge einer Prototypentwicklung

Der letzte Praxisfall soll uns abschließend kurz mit Entscheidungen beschäftigen, die im Zuge einer Prototypentwicklung zu treffen sind. Als Prototyp soll hier ein so genanntes *minimum viable product* – kurz MVP verstanden werden, das auch als Produkt mit den minimalen Anforderungen bezeichnet werden kann (vgl. CIO – IT-Strategie für Manager 2018, S. 2). Mit minimalen Anforderungen sind jene Merkmale und Funktionen gemeint, die nötig sind, um das Werteversprechen des Geschäftsmodells zu erfüllen. Wenn demnach das Werteversprechen lautet, dass ein Fahrzeug angeboten wird, kann das MVP kein Rad sein, weil es an sich nicht fährt. Ein Skateboard hingegen schon. In den sodann folgenden Produktverbesserungen werden solange weitere Features hinzugefügt bzw. Anpassungen vorgenommen, bis die Kunden vollends zufrieden sind. So könnte, um beim Skateboardbeispiel zu bleiben, das erste Update ein Kickboard sein, dann folgt ein Fahrrad, ein Motorrad und schließlich ein Auto.

Was ist nun eigentlich der Sinn eines MVP? Es reduziert das Risiko einer Fehlentwicklung, an den Bedürfnissen der Kunden vorbei. Neue digitale Geschäftsmodelle werden inkrementell in Updates entwickelt, nicht in einer einzigen Iteration, bei der das Produkt einen langen Entwicklungsprozess durchlaufen hat.

Welche Entscheidungen sind nun im Zuge einer Prototypentwicklung zu treffen und warum eignet sich die wissensbasierte Entscheidungsfindung dafür? Meistens sind es junge Startups, die MVPs entwickeln. Diese haben kaum Ressourcen und nur sehr begrenzte Erfahrungswerte. Aber auch kleine und mittelständische Unternehmen sowie Konzerne arbeiten mit dem Konzept der inkrementellen Prototypentwicklung. Letztere verfügen zwar über mehr Ressourcen als die Startups, die Erfahrungswerte sind zumeist jedoch auch beschränkt, da es sich ja sonst kaum um einen Prototyp handeln würde.

Zu Beginn des MVP-Entwicklungsprozesses muss entschieden werden, welche Features der Prototyp besitzen soll und in welchem Detaillierungsgrad die Produktion erfolgt. Gerade für Startups ist es daher zum Teil überlebenswichtig, hier die richtigen Entscheidungen zu treffen. Liegen sie nämlich daneben und entwickeln ein aufwendiges Feature, das der Markt nicht nachfragt, kann das bereits das Ende bedeuten, wenn das Budget aufgebraucht ist. Aber auch Unternehmen werden für eine Prototypentwicklung lediglich begrenzte Budgets bereitstellen, weshalb es sich auch hier lohnt, kluge Prozesse aufzusetzen.

Dieser Fall ist mithin erneut ein gutes Beispiel um aufzuzeigen, wie komplex Entscheidungen werden können und wie hilfreich entscheidungsunterstützende Tools wie Excel & Co. sind. Es verhält sich nämlich so, dass, ähnlich wie beim Fall der Geschäftsmodellentwicklung, innerhalb eines mehrköpfigen Teams diverse Unterentscheidungen getroffen werden müssen, woraus sich die Komplexität ergibt. Das Geschäftsmodell enthält neun Felder, ein MVP hat aus Erfahrung des Autors ca. 10–20 Hauptfunktionen. Derartige Funktionen können bei Online-Anwendungen zum Beispiel die Onboarding-Funktion sein (Nutzer kann sich registrieren), oder aber man kann sich für eine Bezahlart entscheiden.

Da nun jede einzelne Funktion einen entsprechenden Entwicklungsaufwand bedeutet, ist es notwendig, sich genau zu überlegen, welche Funktion zwingend nötig ist und worauf zu Beginn erst einmal verzichtet werden kann. Gerade am Anfang eines Projekts sind die Teams überaus euphorisch und sprühen nur so vor Kreativität und entwickeln dutzende Ideen für spannende Features. Auch potenzielle Kunden äußern gern mal sofort viele Wünsche und kommen dabei vom Hundertste ins Tausendste. Genau hierin liegt die Schwierigkeit begründet, ein „nice to have-Feature" von einer „must have-Funktion" zu unterscheiden.

Um auf geeignete Optionen (also Features) zu stoßen sollte das Team in einem Workshop unter Anwendung der Design Thinking Methode alle Funktionen beschreiben, die nötig sind, um das verabschiedete Werteversprechen zu halten. In die Design Thinking Methode lesen Sie sich bitte, so erforderlich, in der entsprechenden Literatur ein. Es würde den Rahmen dieses QuickGuides sprengen, dies hier detailliert auszuführen. Kurz gesagt handelt es sich dabei aber um einen iterativen Prozess, an dessen Ende ein erster Prototyp steht. Das Team sollte interdisziplinär und crossfunktional aufgestellt sein, um einen möglichst diversen Blick auf die Thematik sicherzustellen. In den sechs Phasen *Verstehen, Beobachten, Sichtweise definieren, Ideen finden, Prototyp entwickeln* und *Testen* wird dann versucht,

6.10 Entscheidungen im Zuge einer Prototypentwicklung

das Problem entsprechend zu durchdringen und eine Lösung zu entwickeln (vgl. ZEIT Akademie 2017, S. 12). Dabei steht der Nutzer im Zentrum allen Denkens und nicht etwa die Technologie. Am Ende der Phase *Ideen finden* wird es darauf ankommen, die Spreu vom Weizen zu trennen. Hier eignen sich folgende Kriterien zur Bewertung der einzelnen Features:

- **Nutzen**: Wie nützlich ist die Funktion, um das Werteversprechen einzulösen?
- **Aufwand**: Wie viele Ressourcen müssen wir aufwenden, um das Feature zu entwickeln?
- **Kundenfeedback**: Wie viele Kunden haben sich das Feature gewünscht?
- **Visionsschub**: Wie sehr zahlt das Feature darauf ein, dass wir damit unsere Vision erreichen?

Ähnlich wie bei der Digitalisierungsstrategie könnte auch hier ein *MVP-Koeffizient* entwickelt werden. Er bildet sich aus dem Durchschnitt der Kriteriumsbewertungen, die wiederum nach dem Schulnotensystem vergeben wurde. Anschließend muss dies natürlich für jedes Teammitglied berechnet werden, weshalb oben die Empfehlung zur Nutzung von entscheidungsunterstützenden Tools gegeben wurde. An dieser Stelle ist es von unschätzbarem Wert, befreundete Startups um Rat zu fragen, die den Prozess der MVP-Entwicklung bereits hinter sich haben. Sie können hilfreiche Erfahrungswerte beisteuern, was etwa das Schätzen von Aufwänden oder das Einholen von Kundenfeedback angeht.

Schließlich ist es wieder an der Zeit, auch das Bauchgefühl mit in die Waagschale zu werfen. Gerade das Kriterium des Visionsschubes lässt sich nicht immer haargenau rational herleiten bzw. mit Fakten belegen. Aber genau dieses Kriterium ist es zumeist, was den Unterschied ausmacht. Was einen Scoop von einem Flop trennt. Auch die berühmte Nacht drüber schlafen kann hier vor übereilten Entscheidungen bewahren. Lieber ein klein wenig mehr Zeit nehmen und sich dafür dann aber sicher sein, dass man den Nerv des Nutzers trifft und dennoch im Budgetrahmen bleibt. Good luck!

> **Ihr Transfer in die Praxis**
>
> - Trainieren Sie das wissensbasierte Entscheiden, es ist ein Handwerk, keine Kunst.
> - Dokumentieren Sie komplexe Entscheidungen, um später nachvollziehen zu können, was Ihnen wichtig war, wer Sie beraten hat und was das eigentliche Ziel hinter der Entscheidung war.
> - Verwenden Sie entscheidungsunterstützende Tools, um die Komplexität zu reduzieren. ◂

Literatur

Bundesärztekammer. (2019). bundesaerztekammer.de. https://www.bundesaerztekammer. de/patienten/gutachterkommissionen-schlichtungsstellen/behandlungsfehler-statistik/. Zugegriffen am 29.03.2019.

CIO – IT-Strategie für Manager. (12. April 2018). Minimum viable product. *CIO – IT-Strategie für Manager*, S. 1–3.

Ettel, A., & Zschäpitz, H. (2019). Serie mein Geld: Teil1 – Riskier ich's oder lass ich's lieber sein? *Welt am Sonntag*, 26–28.

Gassmann, O., Frankenberger, K., & Csik, M. (2017). *Geschäftsmodelle entwickeln – 55 innovative Konzepte mit dem St. Galler Business Model Navigator*. München: Carl Hanser.

Glock, Y. (2018). Das Potenzial von Referenzen nutzen – Referenzen im Zeitalter der Digitalisierung. In B. Ahrendt & S. Wöhrmann (Hrsg.), *Personalmarketing in 3D Die vielfältige Disziplin* (S. 271–292). Lüneburg: Thurm Wissenschaftsverlag.

Gründerszene.de. (2019). Lexikon: New Work. https://www.gruenderszene.de/lexikon/begriffe/new-work? (Interstitial). Zugegriffen am 29.03.2019.

Kaiser, T. (2018). welt.de. Diesen gefährlichen Fehler machen Patienten bei der Krankenhaus-Wahl. https://www.welt.de/wirtschaft/article184955428/Asklepios-Studie-Diesen-Fehlermachen-Patienten-bei-Krankenhaus-Wahl.html. Zugegriffen am 03.12.2018.

Lohfert, C. (2011). *Weil Du arm bist, musst Du früher sterben: Der ohnmächtige Patient*. München: Piper.

onpulson.de. (2019). Psychometrischer Test. https://www.onpulson.de/lexikon/psychometrischer-test/. Zugegriffen am 29.03.2019.

Osterwalder, A., & Pigneur, Y. (2011). *Business Model Generation – Ein Handbuch für Visionäre, Spielveränderer und Herausforderer*. Frankfurt: Campus.

Pioch, S. (2015). *trojanized: Ein verblüffend wirksamer Weg, um den passenden Job zu finden*. Hamburg: tredition.

Pioch, S. (2018). *Digital Entrepreneurship – Ein Praxisleitfaden für die Entwicklung eines digitalen Produkts von der Idee bis zur Markteinführung*. Wiesbaden: Springer Gabler.

Pioch, S., & Windmüller, H. (2020). *Start-up Skills: Der Guide für Entrepreneure und Querdenker*. Frankfurt: Campus.

Pioch, S., Sonnet, D., & Blenski, B. (2018). *Die digitale Achillesferse – Wie mittelständische Unternehmen die Chancen der Digitalisierung nutzen können. Ein Praxisleitfaden*. Hamburg: tredition.

Schuhmacher, F. (2014). *Assessment Center und Risikomanagement bei Personalentscheidungen*. Wiesbaden: Springer.

ZEIT Akademie. (2017). *Design Thinking – Der kreative Weg zu innovativen Lösungen*. Hamburg: ZEIT Akademie.

Fazit und Ausblick 7

Liebe Leserinnen und Leser, Sie sind mir bis hierhin gefolgt, dafür danke ich Ihnen. Ob dies eine gute Entscheidung war können freilich nur Sie beurteilen, ich wünsche es Ihnen sehr! Wir haben in den vergangenen Kapiteln diverse Aspekte komplexer Entscheidungen besprochen und ich habe versucht, den Ansatz der wissensbasierten, multikriteriellen Entscheidungsfindung nachvollziehbar zu beschreiben. Sie haben gesehen, dass sich jenes Konzept auf diverse Sachverhalte anwenden lässt und dass es im Wesentlichen gilt, folgende Empfehlungen zu berücksichtigen:

- Definieren Sie das übergeordnete Ziel einer Entscheidung – worum geht es eigentlich?
- Dokumentieren Sie die einzelnen Schritte.
- Denken Sie zunächst offen und breit, um auf mehrere Optionen zu stoßen.
- Vergeben Sie kluge Kriterien und integrieren Sie das Wissen (insbesondere Erfahrungen) Dritter in Ihren Prozess.
- Binden Sie (insbesondere bei Entscheidungen im Unternehmen) frühzeitig die wichtigsten Personen in den Prozess mit ein, welche durch die Entscheidung betroffen sind und sie ggf. umsetzen sollen.
- Beschaffen Sie anhand der Kriterien relevante Informationen, welche die einzelnen Optionen beschreiben.
- Gewichten Sie die Kriterien nach Ihren persönlichen Präferenzen und bewerten Sie anschließend, wie gut jede Option die einzelnen Kriterien erfüllt.

- Nehmen Sie sich Zeit und lassen Sie zu, dass Sie über somatische Marker erfahren, wie Ihre Intuition (Bauchgefühl) über die Entscheidung „denkt".
- Berechnen Sie ein Ranking der vorhandenen Optionen, das sowohl auf Ihren rationalen als auch auf Ihren emotionalen Bewertungen beruht.
- Treffen Sie eine Entscheidung und handeln Sie.

Wenn Sie die genannten Schritte berücksichtigen ist die Wahrscheinlichkeit sehr groß, dass Sie die meisten Entscheidungsfehler vermeiden und tatsächlich auch gute Entscheidungen treffen, mit denen Sie sich wohl fühlen. Ich wünsche Ihnen jedenfalls viel Erfolg damit und hoffe, dass es Ihnen gelingt!

Die Zukunft der wissensbasierten Entscheidungsfindung wird vermutlich eng verknüpft mit der Frage sein, wie sich Technologien der künstlichen Intelligenz oder aber das semantische Netz entwickeln werden. Wenn sich letzteres durchsetzt, was sich nicht nur Tim Berners Lee, der Erfinder des World Wide Web, wünschen würde, ist davon auszugehen, dass sich die Informationsbeschaffung im Zuge von Entscheidungen stark verbessert. Jenes semantische Web basiert nämlich im Kern auf dem Konzept von Ontologien, die wiederum zum Hintergrund haben, dass man damit der Technologie „beibringt", welche Bedeutung Wörter im jeweils für den Nutzer relevanten Kontext haben. Vereinfach gesagt würde die Technologie „wissen", ob es Ihnen bei der Suche nach dem Wort „Golf" um den Sport, das Auto, oder den Staat geht. Hier kann man sich vorstellen, dass das viel Zeit sparen und einiges vereinfachen würde. Bis es soweit ist nutzen Sie doch die in diesem Buch besprochenen Ansätze, der beste Speicher für entscheidungsrelevantes Wissen ist nach wie vor ohnehin der gesunde Menschenverstand.

Literatur

Bundesärztekammer. (2019). bundesaerztekammer.de. https://www.bundesaerztekammer.de/patienten/gutachterkommissionen-schlichtungsstellen/behandlungsfehler-statistik/. Zugegriffen am 29.03.2019.

Christ, M., Grossmann, F., Winter, D., Bingisser, R., & Platz, E. (2010). Triage in der Notaufnahme – Moderne, evidenzbasierte Ersteinschätzung der Behandlungsdringlichkeit. aerzteblatt.de: https://www.aerzteblatt.de/archiv/79711/Triage-in-der-Notaufnahme. Zugegriffen am 03.12.2020.

CIO – IT-Strategie für Manager. (12. April 2018). Minimum Viable Product. *CIO – IT-Strategie für Manager*, S. 1–3.

Dalkir, K. (2011). *Knowledge management in theory and practice*. London: MIT Press.

Ettel, A., & Zschäpitz, H. (2019). Serie mein Geld: Teil1 – Riskier ich's oder lass ich's lieber sein? *Welt am Sonntag*, 26–28.

focus.de. (2019). Weil sie finanzielle Probleme haben, führen Krankenhäuser unnötige OPs durch: https://www.focus.de/gesundheit/news/neue-studie-weil-sie-finanzielle-probleme-haben-fuehren-krankenhaeuser-unnoetige-ops-durch_id_9126960.html. Zugegriffen am 29.03.2019.

Gäbler, M. (2017). Denkfehler bei diagnostischen Entscheidungen. *Wien Med Wochenschrift, 167*, 333–342.

Gale, P. (2014). *Du bist, wen du kennst: Warum gezieltes Networking lukrativ für Sie ist*. Kulmbach: Books4Success.

Gassmann, O., Frankenberger, K., & Csik, M. (2017). *Geschäftsmodelle entwickeln – 55 innovative Konzepte mit dem St. Galler Business Model Navigator*. München: Carl Hanser.

Gigerenzer, G., & Gaissmaier, W. (2011). Heuristic Decision Making. *Annual Review of Psychology, 62*, 451–482.

Glock, Y. (2018). Das Potenzial von Referenzen nutzen – Referenzen im Zeitalter der Digitalisierung. In B. Ahrendt & S. Wöhrmann (Hrsg.), *Personalmarketing in 3D Die vielfältige Disziplin* (S. 271–292). Lüneburg: Thurm Wissenschaftsverlag.

de Graaf, M., & de Graaf, E. (2020). *Decisions by Design – In vier Schritten zu umsetzungsstarken Entscheidungen*. Stuttgart: Schäffer-Poeschel.

Gründerszene.de. (2019). Lexikon: New Work: https://www.gruenderszene.de/lexikon/begriffe/new-work? (Interstitial). Zugegriffen am 29.03.2019.

Heath, D., & Heath, C. (2013). *Decisive: How to make better decisions*. New York: Random House Business.

Hübl, P. (2019). Wer ist meine innere Stimme? Hat bei unseren Entscheidungen das Ich das Sagen – oder doch eher das Es? *philosophie Magazin*, 58–63.

Johnson, S. (2018). *Farsighted: How we make the decisions that matter the most*. New York: Riverhead Books.

Kahnemann, D. (2011). *Schnelles Denken, langsames Denken*. München: Siedler.

Kaiser, T. (2010). welt.de. Diesen gefährlichen Fehler machen Patienten bei der Krankenhaus-Wahl: https://www.welt.de/wirtschaft/article184955428/Asklepios-Studie-Diesen-Fehler-machen-Patienten-bei-Krankenhaus-Wahl.html. Zugegriffen am 03.12.2018.

Keeney, R. (1996). Value-focused thinking: Identifying decision opportunities and creating alternatives. *European Journal of Operational Research, 92*, 537–549.

Lagaay, A. (2019). Lob des Zauderns. *philosophie magazin*, 56–75.

Lohfert, C. (2011). *Weil Du arm bist, musst Du früher sterben: Der ohnmächtige Patient*. München: Piper.

Markwardt, N. (2019). Wie treffe ich eine gute Entscheidung. *philosophie magazin*, 45–47.

Meilwes, F. (2017). Safety Clip: Ersteinschätzungssysteme in der Notaufnahme. bdc.de: https://www.bdc.de/safety-clip-ersteinschaetzungssysteme-in-der-notaufnahme/. Zugegriffen am 01.04.2017.

Obmann, C. (15. Juli 2017). Fehlentscheidungen in Unternehmen: Wie unbewusste Denkmuster Manager beeinflussen. Von *Handelsblatt*: handelsblatt.com. Zugegriffen am 03.12.2020.

onpulson.de. (2019). Psychometrischer Test: https://www.onpulson.de/lexikon/psychometrischertest/. Zugegriffen am 29.03.2019.

Osterwalder, A., & Pigneur, Y. (2011). *Business Model Generation – Ein Handbuch für Visionäre, Spielveränderer und Herausforderer*. Frankfurt: Campus.

Pioch, S. (2015). *trojanized: Ein verblüffend wirksamer Weg, um den passenden Job zu finden*. Hamburg: tredition.

Pioch, S. (2018). *Digital Entrepreneurship – Ein Praxisleitfaden für die Entwicklung eines digitalen Produkts von der Idee bis zur Markteinführung*. Wiesbaden: Springer Gabler.

Pioch, S., & Windmüller, H. (2020). *Start-up Skills: Der Guide für Entrepreneure und Querdenker*. Frankfurt: Campus.

Pioch, S., Sonnet, D., & Blenski, B. (2018). *Die digitale Achillesferse – Wie mittelständische Unternehmen die Chancen der Digitalisierung nutzen können. Ein Praxisleitfaden*. Hamburg: tredition.

Rausch, A. (2013). Analyse ist gut, Intuition ist besser – Oder umgekehrt? *Controlling & Management Review, 57*, 14–21.

Rosenzweig, P. (2014). Was in der Praxis funktioniert. *Harvard Business Manager*, 24–31.

Literatur

Schuhmacher, F. (2014). *Assessment Center und Risikomanagement bei Personalentscheidungen*. Wiesbaden: Springer.

Storch, M. (2013). *Das Geheimnis kluger Entscheidungen: Von Bauchgefühl und Körpersignalen*. München: Piper Taschenbuch.

Sultanow, E., & Sonnenborn, H.-P. (2013). Entscheidungsrelevanz und Personengebundenheit als diffizile Wissenseigenschaft. *Information Management und Consulting, 2*, 76–82.

Weihe, K. (2018). *Fundiert entscheiden: Ein kleines Handbuch für alle Lebenslagen*. Berlin/Heidelberg: Springer.

ZEIT Akademie. (2017). *Design Thinking – Der kreative Weg zu innovativen Lösungen*. Hamburg: ZEIT Akademie.

The manufacturer's authorised representative in the EU is Springer Nature Customer Service Centre GmbH, Europaplatz 3, 69115 Heidelberg, Germany. If you have any concerns regarding our products, please contact ProductSafety@springernature.com

Printed and bound by CPI Group (UK) Ltd, Croydon, CR0 4YY
23/03/2026
02076464-0003